工業高校バンザイ

KOGYO KOKO
"BANZAI"

福永宣道
Nobumichi Fukunaga

まえがき

我が高校のクラス会には約三分の一が出席する。顔ぶれは変わるものの参加人数は毎年ほぼ同じだ。孫のいる世代になって、死去したり、病気で、あるいは遠隔地に住み、来るのに大変な労力が必要であったりするもの達がいる中でこの数字は立派なものだ。

それだけ、工業高校は仲良くなれるのだという証かも知れません。

この本を読んで、そのことが少しでも納得できれば良いのですが。

大人になって男子高校生について描くイメージは必ずしも良いイメージではありません。

親を親とも思わない。大人を大人とも思わない。

何か一言と言えば倍で返してくる。暴力さえ振るわれかねない。

そう思って、苦々しい顔をして男子高校生を眺めている。

でも、実際に付き合ってみれば、あなたの高校生時代と同じように、一般の高校生はそんなに理不尽ではありません。少しばかり生意気で、反抗的でありますが、話し、付き合えば、素直さ、理解しようとする姿勢は大人以上にあるのが分かります。

それになんといっても、生命力あふれる若さは人を引き付ける魅力にあふれています。時代がどんなに変わろうとも、青春時代の真ん中にある高校生活は人生の華であり得ます。

これぐらい楽しい時期は生涯を見渡してもそんなにあるものではありません。普通の高校生であれば、少しの不良、少しの不真面目、少しのバカな行為をするのが普通です。そんなことをした、一緒にできたからこそ楽しい時期なのでしょう。

そんな、生の高校生に触れ合いのできるのは、何と言っても職業高校、工業高校ではないかと思えます。とにかく競争で追い立てられない、足の引っ張りをしないから、ストレートに感情をだしあえる。そんなわだかまりの少なさ、楽しかった思い出が、仲の良かった友達関係の持続が我がクラス会に皆を引き付けているのだろうと思えます。

私は工業高校で高校生活をおくり、大学卒業後すぐ工業高校の教師として過ごしました。そのあと、普通の人では経験しえない経験をしましたが、その工業高校の生徒時代と教師時代以上の楽しい思い出に勝るなるものはありませんでした。

そんな時期の、他の人が見たらバカじゃないのと思うような出来事、エピソードを書いたのが、この本です。ですが、この雰囲気は私は好きで、その思い出を大事にしています。

どうぞバカにしないで最後まで読んでいただき、気晴らしになれば幸いです。

そして、男子高校生に少しでも親しみが増せばなお一層良いと思います。

それから、工業高校生が、工業高校の卒業生が元気がさらに出ることを願っています。

目次

一、くだらない遊び（一）

若い年代はいつの時代でも下らないことをして面白がる傾向にあります。ですが、被害者が耐えられなくなるように成ってしまってはだめです。それはいじめで、絶対に許されるものではありません。

でも、お互いに親しくて、やり返せる。やられた方も心に傷がつきそうにない場合は許されるのかもしれません。

我がクラスでも相当ひどいことをし合っていましたが、深刻な状況になっている者がいなく、楽しそうにやりあっていたから単なる遊びで終わったようです。もし傷ついた人が居て、黙って我慢していたとしたらごめんと言うしかありません。すいません、遅すぎですが。でも、僕には楽しかった思い出です。

シッペ遊び

単純ですが非常にエキサイトする遊びです。

ジャンケンをして勝ったほうが、負けた奴の手を左手で、逃げないようにしっかり握り、右手の人差し指と中指の2本の指で負けた奴の手首、またはそれより少し離れたあたりの腕をたたく遊びです。

それは痛くないはずがありません。最初は手加減をして軽くたたいていたものが、だんだんと回を進めるうちに、一円玉ほどあった遠慮や思いやりの気持ちはどこかへ吹っ飛んで行ってしまいます。最初のころの打たれた部分の薄い赤みが、だんだん赤みが増していきます。そのころになると、痛みを増すため、全身の力と体重を指に込めて、思い切り打ち付けるように互いにやりだします。ついには赤く打ち身の状態が、みみずばれにはれだします。そうなると意地です。かたきを討つため、またジャンケンです。腫れてひどい状態になった部分に追い打ちでたたきつけます。

相手をひどい状態にするよりも、痛みに耐えかねてバトルを止めたいのが人情ですが、勝ち逃げは負けている方が許しません。でも、負けの込んだ方が、

「今日はここまで」

と中止を申し出ると、このバトルは終わります。

しばらく、教室のあちらこちらで、「バチ」と腕をたたく音と、「痛い」のさけびごえが聞こえてきていたのが、急に、聞こえなくなりました。

理性に目覚め、バカなゲームはやる意味がないと自覚したのでは決してありません。そんなに知性のある僕たちだったら最初からそんなゲームはやりません。

真相は、どうも家に帰って、仲間の一人がおふくろさんに腕のみみずばれを見つけられ、嘘をついてごまかしていた。しかし、子を思う母親の目をあざむくわけにはいかず、そのゲームのことがばれてしまった。そこからゲームの根絶に至ったようでした。でも、秘密の暴露をした人間をだれも追い詰めようとはしませんでした。その辺はあっさりしたものです。

教師時代にもシッペ遊びが生徒たちの間にはやっていました。好きでやっているものを無理に止める必要はありません。むしろ、有り余るエネルギーをそのゲームで発散させて、授業時間おとなしくしてもらった方が良いと、見て見ぬふりを決めつけていました。すいません。

しかし教師はしょせんそんなもんです。自分の事、第一主義です。

「えー、そんなことない」とおっしゃるのですか。

そうですね。これは私の周りの教師の話でした。すいません訂正します。

「おまえの周りの教師だが、違うだろ」

そうです。違います。私、限定です。


気の良い生徒が私にもそのゲームの参加を誘ってくれました。

一瞬、生徒を堂々とたたくのに、暴力教師と言われずにすみ、気持ちが良いだろうなと誘惑に負けそうになったが、「ハ」と気がつきました。

私が勝っても、生徒を傷つけるわけにはいきませんので、手加減をせざるを得ません。ところが私が負けると、生徒のために日頃気を配っている（数パーセントの話ですが）にもかかわらず、他の教師を含めて、教師への日頃の恨み辛みが、この時だ、とばかりに生徒に襲ってきて、私が思い切りシバかれる姿が浮かんできました。そんな悲惨な目にはなりたくありません。

「僕はジャンケンが弱いので」

と、さらりとかわしておきました。

以前、生徒たちが相撲を取っているのを見つけ、生徒を投げ飛ばしたら気持ち良いだろうと参加しました。一人目は上手投げで投げ飛ばしました。ひょっとしたら教師だからと手を抜いてくれていたのかもしれません。その気持ち良くなったところでやめれば良いものを調子をこいで、二人目と対戦しました。相手は身長は僕より低いデブ君です。今度も得意の上手投げ、と思ったらびくともしません。逆に上手投げで思い切り投げ飛ばされ、地面にたたきつけられました。その時の、生徒たちが、ワッと叫んで笑い転げる、うれしそうな顔を忘れません。これまで見せたことのない晴れやかな顔でした。一方の私は、打ち付けられた時の痛みに加えて、ゆがんだ眼鏡に苦痛の顔をさらし、笑いものにされる屈辱に耐えなければなりませんでした。

その時、デブとは金輪際、相撲は取らない、と誓いを立てました。実際、生涯実行できた、数少ない決心の一つでした。

生徒に餌を与えるわけにはいけません。

二、くだらない遊び（二）

人間という生物は共通の秘密があれば親しくなり易いそうです。その説に従えばくだらない遊びはその範疇に入るのではないでしょうか。

シッペあそびよりも、もっと痛さのひどい遊びが浣腸遊びです。これは男子校であれば大いにはやっていた遊びです。

キリスト教の信者さんがお祈りをするとき両手を握りしめますが、その格好で、両方の人差し指だけを伸ばします。それを、前かがみになって、お尻を突き出している、かわいそうな被害者の肛門につきたてる遊びです。

やられた者しかわかりませんが、痛みがグーとこみあげて、しばらく動くこともできません。やった奴は、被害者が動けないことを良いことに、その間に逃走する手はずです。

誰に対してもやるのではなく、日頃仲の良い仲間内で、カッとしない傾向のやつが被害者に選ばれます。人前でそんな、浣腸をしてくださいというような姿勢をとるほうが悪いという理屈で、陰険な雰囲気になることはありませんでした。多分。

そうは言っても、だれも被害者になりたくありません。そのためには、なにより、敵に隙を見せないことです。ということで、ゴルゴ13のように、背後に人が立つのを極端に嫌い、壁に背もたれをするような姿勢が好まれます。歩くときは少し横歩き気味にして警戒します。

そんな努力はしばらくの間は報われるのですが、災害は忘れたころにやってきます。

誰かが、

「痛、くそ、やられた」

と悶絶の声が教室の中に響き渡ります。

本人同士は子犬同士がじゃれ合っているようなものと思っているのですが、教育委員会関連のおばさま方にとってはこんなことは許されるものではありません。だから、この遊びが表立つことはありません。知らない方が良いことの一つです。

警戒する遊びはそれだけではありません。

あくびに関する遊びも注意が必要です。あくびは言うまでもなく、大きく息を吸い込むことを主目的にし、決して息を吐く行為ではありません。そこにつけこんで、あくびのクライマックスのときに、その口の中に思い切り息を吹きかけて、他人の息を吸わせる悪辣な遊びです。

可愛いい女の子の息であれば、喜ばれるでしょうが、野暮くさい、野郎の息など、エグイだけで、気持ちの悪さは一通りではありません。

下を向いてのあくびや、手で口を守ってのあくびは、そんな嫌な目にあうのを防ぎ、安全ですが、あくび後の爽快感が少し減少させられます。

でも、公共の場のあくびを防止するのに最適の方法であると思うのですが。あくび遊びの実行犯は被害者の抗議にこう反論するも、受けいれられることは決してありません。

そもそも、教師にあくびを見せるのはよほど失礼なことではないでしょうか。

しかし考えてみると、あくびのできる授業は優しい先生です。あくびを見つけられると、立たされたり、頭をしばかれたりする恐れのある教師の前では緊張して、そんな余裕はありません。

私の教師時代ですか。私の場合は、あくびの伝染性でクラス中があくびの大合唱にならないため、授業の途中でアクセントを入れるように工夫をしていました。誰か生徒の一人を犠牲者として血祭りに上げ、クラス全体に渇を入れるやり方です。あくびをしそうな生徒の肩を、首筋をもんであげるとかいったことです。決して頭をたたくようなことはいつものことではありません。ほんのたまだけの話です。

少し幼い遊びで、中学時代にはやった遊びを持ち越した遊びに輪ゴムを使った遊びがあります。輪ゴムを動力にして、紙を小さく折りたたんで、鉄砲玉にしてぶつけ合う遊びです。命中させる技術も大切ですが、弾を打ち終わると逃げるしか道は残されていませんので、どれだけ多く弾薬を準備できるかが勝敗のかぎとなります。

ゲリラ戦もあります。授業中に教師に分からないようにしてぶつけるやり方です。これなどポジション取りが重要になってきます。それに腕前の正確さは必須です。冗談の効かない真面目人間に誤ってあたってしまうと、事件になることが確実です。ヤバすぎです。注意の上にも注意しなければなりません。

教師の私たちにしたら、小さい紙の束ねたものが床に散乱しているのを見れば、そんな遊びがはやっているのは直ぐに分かります。

「こら、目に当たったら危ないやないか」

「顔など狙っていません。頭だけです。」

「そうか、危険はないか。でも、弾がゴミになっとるやないか。掃除しとけ」

と怪我防止の注意はするが、その遊びをするなとはいわないのは男子校の教師の特徴です。というのは、説教で聞き入れて止めてくれることを、はなから期待していないからです。その辺は、男子校のあっさりしたところです。

でも、真面目一方の教師にはそんな論理が通用しないのははっきりしているので、生徒達もその遊びも極めて控え気味です。そうです、生徒も敵を観察することに怠りはありません。つまり、決してバカではありません。

不意に思いつくバカな遊びもあります。僕は生徒時代に被害に遭いました。体操服に着替えて、机の上に置いていた下着を窓の外に隠された被害です。僕の目の前で持っていったので、陰湿とは必ずしもいえません。

「まあ良いか。しばらくほっておこう」

しかし、ことはそれで終わりませんでした。

窓の外につるされているシャツを見て、親切心から、窓を開けて取り入れてやろうとした同級生がいました。その窓は左右に動かすタイプでなく、鍵の部分を持って外側に押しだし下方が開き、上の部分がスライドして下がってくるタイプでした。

鍵の部分を持って押せば良いものを、ガラス部分を押したからたまりません。窓ガラスがパリと割れてしまいました。

割った本人、外にシャツをつるした奴、シャツをつるされた僕の三人が教師に呼ばれました。ガラスの修理代を払えとの宣告です。結局、三等分することになりました。シャツをつるされた僕も皆と同額です。

払うのは親の金です。友情の方が大切なことは明らかです。三人連帯責任と、親に話しお金を出してもらいました。

この辺は全てのケースで行われるものではありませんが、仲の良い証明になるのかも。

でも、お父さん、ごめん。

担任の教師にした、陰湿でくだらない遊びがありました。教室の入り口の戸の上に黒板ふきを挟んで、入室したとき落ちるのを見て楽しんだ遊びです。先生が結婚された後の最初の授業だったと記憶しています。男の「やっかみ」丸出しの遊びでした。

三、授業中の過ごし方

高校生達の学校に来ての楽しみはなんといっても、友達と話をすることです。SNSで会話の可能な現在でもそうです。だから、スマホ、携帯のない時代はなおさらの楽しみです。

他人が聞いたら、くだらない、バカバカしいことを話し合う愉快さ以上の娯楽はありません。その楽しみを満たすのに休みの時間だけでは足らなくなるのは当然と言えば当然です。ほかに適当な時間と言えば、やはり授業の時間内であります。

でも、怖い、口うるさい教師の授業時間内ではむやみやたらとその楽しみを満たせるものではありません。

「うるさい、静かにしろ」

と教師が叫んでいる間はまだ良いですが、おしゃべりの元凶、張本人にされ、個人的ににらまれたりするのはやはり心地よいものではありません。

本質的に教師はいくら年をとっていてもわがままで、坊ちゃん的ですから、怒らすとどんな仕打ちをするのか分かったものではありません。ですから、少しは教師の顔も立てる必要があります。

とはいっても、授業はそんなに夢中になれるものでは決してありません。教師がそんなことはないといくら弁明しても、事実は事実です。

それで、近くの奴が話しかけてくれば、義理を欠いては失礼だから、相手になってしゃべります。そんなこんなで、また教室が騒がしくなってきます。また怒られる。しばらくシーンとなる。こういったせめぎ合いが毎日繰り返されるのが、多くの学校で見られる授業風景です。我が学校でもご多分に漏れず、そうでした。

確かにおしゃべりは楽しいですよね。特に面白いネタのあるときは格別です。

後日、私が、成績の優秀な人が集まっているとされる大学の授業を受ける機会があったとき、どんなにか、学生諸君はシーンとして、授業に熱中しているものと思っていましたが、しゃべり放題の私語で教室中が騒然としていたのには、びっくりしました。まったく注意しない教授の授業では最前列しか教授の声が聞こえないほどのひどさでした。

これから考えると、授業中おしゃべりをするのは、成績ができる、できないに関わりがなく、高校生と大学生といっても違いがない、私語は日本人の娯楽になっているのではないでしょうか。

アメリカの高校に参観に行ったとき、それを強く感じました。というのは、そこでは、授業中おしゃべりとは教師とするものだということが徹底していました。でも、その授業状態をうらやましいとは思いませんでした。あのお喋り好きなアメリカ人に私語を許したら、それこそ収拾がつかなくなるのは目に見えていますからね。日本人のできることは、いつもたいしたことない範囲です。


次に、授業中の楽しみは居眠りです。

優しい先生は声まで優しいもので、まるで子守歌を歌ってくれているようなものです。この眠気を防ぐのは相当の意志を必要とします。

昔の人は水浴びをして眠気を防いだという話が伝わっています。また別の秘伝では眠けがさせば、小刀で自分の太ももを刺し、眠気を防いだといいます。でも小刀はどこにでもあるものではありません。手に入れるのは大変です。

私はそんな危ないやり方は決して推薦いたしませんでした。眠気が襲ってきたら、鉛筆の先端で自分の手を突けとアドバイスしました。しかし、「実行しました、おかげで眠気が吹っ飛びました、ありがとうございました」と言ってきてくれた生徒はいませんでした。

姿勢を正し、目を開けたまま、不動の姿勢を続けて眠れれば、教師に見つからずに目的を達成できるでしょうが、そんな達人はそうどこにでもいるものではありません。普通の生徒はグニャグニャ姿勢が大半で、無理な注文です。

コクリ、コクリと頭を漕ぎながら眠るのは気持ちの良いものです。それでも、「眠っては先生に申し訳ない」と言った気持ちがまだ無意識に残っているのは微笑ましいところかもしれません。

しかし、思い切り顔を机に伏せ、よだれを垂らしながら、誰に気兼ねもなく、気持ちよく寝入っている生徒を見て教師として気持ちの良いものではありません。

私などうらやましすぎて、そんな生徒を決して見逃すわけにはいけませんでした。おとなしそうな生徒の場合は頭を叩いて起こします。文句も言われることありませんが、ヤバそうな生徒の場合は面倒が起こりそうで、暴力を振るうわけにはいけません。

「ここで寝ると風邪を引く。起きなさい」

と、親切ごかしに言って、熟睡している生徒を無情にも起こします。でも、ほとんどの生徒は
「それほどまでオレを心配していてくれているのか。ありがとう」

とは言ってくれずに、迷惑そうな表情をして私を見ます。当然ですが。

机に伏せて眠れることのできるのは、当人だけでなく周りの生徒も半睡眠状態にある証拠でもあります。周りが正常に起きている場合は熟睡している生徒には悲劇が訪れます。教科書や、筆箱や、ひどい場合は靴まで飛んできます。机に顔を伏せているため犯人を目撃できません。証人も期待できません。迷宮入りが確実な事件です。被害者は諦めるしかありません。


それから、誰もが経験のあることといえば、内職など授業以外のことをすることです。

現在は、スマホやゲーム器などが全盛ですが、当時は漫画などの本を読むことが主流です。でも、見つけられて、場合によっては教師に取り上げられます。本の持ち主

には迷惑千万な話です。教師が優しい場合は、幸運なことに返ってきます。でも、エロ本などの場合は絶対に返してもらえないと覚悟しなければなりません。それこそ、猫に鰹節をとられたようなものです。返してくださいと、いくら頭を下げても

「母ちゃんに知られても良いのか」

と脅されて、しぶしぶ泣き寝入りするのが落ちです。

ですから、教師の動きに注意を払う必要があり、読書に没頭できない恨みが授業中の読書にはあります。

僕はひどい近眼で常に前の方の席だったので全然知らなかったのですが、後ろの方の席ではトランプ遊びが盛んだそうです。それも、ブリッジです。よほど生徒達が巧妙にした、教師が鷹揚だった、それとも教師が鈍感過ぎた、そういった事が推察できます。実際は複合的な理由だったのが想像できます。

というのは、生徒の授業中の内職は鈍い教師でない限り、教壇から見たら丸わかりです。生徒がしめしめうまくやってやったと、思っていてもバレバレです。教育的配慮からもありますが、事を荒立てるのが面倒だと、見逃していると思った方が良いで

しょう。

孤独な一人遊びで我慢しておくのが無難です。

鉛筆を、シャーペンをぐるぐる回す遊びなど推奨されますが、それでも「止めろ」と言う、神経質な教師がいますので、相手によりけりです。

四、早弁狂想曲

高校生時代は食べ盛りでおなかの減るものです。ましてや寝坊して、朝飯を食べる時間もなく学校にやってきた生徒は腹ペコで食べることしか頭にありません。

その生徒にとって昼休みまで食べるのを待ちなさいと言われるのは、餌を前にしておあずけをくらっている飼い犬と同じです。辛抱にも限界があります。早い時間に弁当を食べる、早弁は彼らにとって仕方のないことです。

弁当は瞬く間になくなりました。でも彼らの満腹中枢を満足させるのには十分ではありません。学校の食堂で、校門の近くの定食屋さんで食べても良いですが、そこで使うお金はたまにいけるほどのお金しかありません。たとえあっても、使うとヤバい結果になるお金か、他に使う予約でいっぱいのお金です。

飢えたハイエナが狙いをつけるのは、お母さんの愛情いっぱいで作った同級生の弁当です。あらゆる戦略、策略、あくどい謀略を酷使して他人の弁当を手に入れようとします。その結果、彼らの努力が報われることがしばしば出現します。

しかし、被害者はご飯と野菜だけのすこぶるダイエット向きの残りかす弁当をたべることになります。

ですが、他人からダイエットを強いられるのは面白くないし、続けたくもありません。

「高カロリー、高脂肪、高塩分食でも良い、完全な形の弁当を食べたい」

と願うのは人情です。

かわいそうなダイエット実践者は、カバンの奥深く弁当をしまい込み、念のために盗られないように見張っています。

でも、ほんのわずかな隙をつかれハイエナの盗み食いを阻止できません。

彼らの頭には「教師に言いつけて、自分の弁当を守る」といったことは、はなから考えていません。教師のはい入る領域でないことは生徒達の暗黙の掟です。

「食べられる前に食べたらいいやん」

に気づくのは自然の成り行きです。

かくてクラス全員の早弁の実行となったわけです。

なお現役の高校生諸君に忠告します。

凶悪犯罪にも時効というものが設定されていますが、弁当の盗み食いの犯罪には時効といったものは成立しません。くれぐれも盗み食いの罪の告発は生涯にわたると覚悟した方が良いでしょう。

卒業がはるか昔であるわがクラス会において、いつも
「オレの弁当を食べやがって」

と犯人と疑われている悪人（本人は否定）に対して告発しづける被害者がいます。

彼の家は料理屋さんで、格別美味しい弁当を持ってくとの評判でした。本人は知りませんが。差別の嫌いな年頃の高校生にあからさまに美味しい弁当を一人だけ食べ続け、貧富の差を見せつけて、羨望のまなざしをクラス中にまき散らしていました。彼も責任はほんの少しはあると思うのですが、どうでしょう。それが証拠に、彼に同情する者はわずかでした。

被害の状況を聞いてみると、たまにはお金を食べられた弁当の代わりに入れていたそうです。犯人は徹底的な極悪人ではなかったようです。

早弁をすれば、当然ですが、昼時になるとどうしようもなくおなかがすいてきます。

「腹減ったよ。腹減ったよ。」

と、オオカミのように空に向かって吠え立てても、お腹は膨れません。

水で我慢するにも限度があります。

少ないお金も、合わせれば、素(かけ)うどんの一杯にはなる時があります。そのときは直ぐに食堂に走って行き、素(かけ)うどんの一杯を注文します。ついでに空の鉢を余分に一つ頼みます。食堂のおばちゃんは優しい。その鉢に、お汁を入れて持ってきてくれました。良い人です。

この間、世間で、はやっていた「一杯のかけそば」の昔版です。

時に有力な情報が入ってくることもあります。

「20分で餃子10人前分食べたら、ただになる店屋ができたぞ」

「そいつは良い。食べに行こう」

でも、世の中そんなに甘くありません。餃子を食べる前に10人前分の料金を払っておかなければ成りません。時間内に食べることができて始めてお金が返ってくるというルールになっておりました。

すかんぴんの生徒は、借金をしなければなりませんが、もし完食できなかったら借金が残ってしまう、大変なギャンブルです。

教師がいつも説教して、理性的な行動をするように言っていても、そんな話は、あさってに飛んで行ってしまっているのが、悲しいギャンブラーの性質です。常にギャンブルを勝ったときのことしか考えません。

しかし、大抵の生徒は、挑戦したのは良いけれど、途中で食べられなくなって、挫折してしまいます。なけなしの小遣いを一度に失い、または膨大な借金を残し、見るのも嫌になった残りの餃子を持ち帰る結果に終わってしまいます。

生徒からその話を聞いて、その店に行ってみました。一人分の餃子でもかなりの量です。私の場合、昼食抜きで行ったにもかかわらず、二人分で十分満腹です。それ以上食べられるものではありません。

「こんなもの十人前食べられる人間がいるのか。化け物やな」

といった感じです。

それでも、食べきって、勝利よろしく帰ってくる者、強者がいるものです。店には完食した者の名前が書かれた掲示板がありました。

見たことのある生徒の名前がほとんどでした。ラグビー部員がダントツに多く、野球部員の名前がちらほらです。ラグビー部員のあのパワーの源水を見た感じです。

これは誇るべきことでしょうか。恥ずべきことでしょうか。

五、他人の評価は正確か

お腹が減るのは生徒だけではありません。教師もそうです。さすがに、生徒の大切な弁当を食べてしまうような不埒なことはいたしません。

しかし、同僚の弁当となると、食べたいという欲求を抑えるのには相当の努力を必要とします。ときに、場合によってはその誘惑の方が理性を上回ることが絶対ないとは断言できない場合があります。

たとえば、冷やかしで新婚さんの愛妻弁当を、好奇心から覗き見したりする時があります。その弁当が奥様の愛情にあふれた見事さに圧倒されると、男特有の「やっかみ」が加わります。

「これは許せん」

「一口ぐらいたべておいてやらないと罰があたる」

まったくもって論理的とはいえない結論が導き出され、野蛮な行動に移るのに躊躇しません。

最初は見当違いの善意からしたことであっても、一度美味しい味をしめると止められなくなるものです。真理は、子供時代のおやつの盗み食いからちっとも変わりありません。だんだんとエスカレートしてきて、他の教師の弁当を覗きだし、

「一口だけからね」

と変な言い訳をしながら、次から次へと盗み食いをやりだすのだから世話がありません。

それでも教師ですか。

でも、生徒のように弁当のおかずをあらかた食べてしまうようなハイエナのようなまねはいたしません。適度におかずを残してくれています。そのためもあってか、警察に被害届を出すといった過激な行動を取ったりいたしません。被害教師のブツクサと言うことで終わってしまいます。

そんな騒動が職員室で起こっていることなど、私はまったく知りませんでした。とにかく私の弁当は被害になることはなかったので知りようがなかったのです。

「おまえの弁当は、犬でもまたぐおかずだからな。食べる気がせん」と、ある時、極悪人は私の弁当を評価するのでありました。これは絶対、明らかに間違った評価です。なでなら、私はお袋の作ってくれた弁当に不満などありようがなく、満足しきっていたのだから。

このように他人の評価は必ずしも正確ではありません。

他人の評価で激しく影響を受けるものに顔・容姿があります。

私の場合は子供のころから、このことを思い知らされてきました。なにしろ、いつも寝癖で後ろの方の髪がピーンと立ち、眼鏡はいつも鼻の方に落ち、笑うと、でこぼこの歯が丸見えになっていました。良いところと言えば決して女性には見られない男として見られたぐらいでしょうか。ですが、だんだん成長していくうちに、古来より伝わる慰めの言葉が効いてきました。

有名な鎌倉幕府の第三代の将軍で歌人でもある、源実朝の話が伝わってきます。

当時、天然痘に罹り、幸い命は助かったものの、後遺症で顔面があばた面になってしまった者が多数いました。現在は天然痘は撲滅されて、その病気の後遺症のあばた顔を見ることはできませんが、それは、顔面全体がボコボコになり、赤みの肌で、それこそ見られたものではありません。一説には実朝もそんな顔に成ってしまったという。

とにかく彼は

「どんな顔でも、最初はギョとするが、一ヶ月もすれば、顔を見てもなんとも思わなくなる。それが人というものだ」

と真理をおっしゃられました。そうなんです。「男は顔だけではない」となんと勇気づけられる言葉ではないでしょうか。

それに、評価は人によって異なります。

「たで食う虫も好き好きです」

ということで、私と結婚してくれた女性がちゃんと居ました。

他人の評価と、自己の評価が大いに違うものに髪の薄さ、つまり禿げがあります。

高校生の時期ではあまり分かりませんが、それでも頭の前の方の生え際に後退のきだしがある生徒がいます。でも、本人が気づいていない場合は、無理に指摘する必要はまったくありません。つまり、寝た子を起こすことになってはダメだからです。

イギリス王室のウイリアム王子の結婚式が全世界にテレビ放送されました。そのとき、彼の頭頂部の禿げが包み隠さず映しだされていました。

これなど、他人の評価と、自己の評価が大いに違う典型的な例です。

本人、ウイリアム王子、およびキャサリン妃は王子の禿げなど気にしていなかった証拠です。つまり、禿げなど彼らにとってどうでも良い話なのです。

しかし、日本人は禿げを気にする人が多いようです。教師にもご多分に漏れずそれに該当している人がいます。

あの毛生え薬がよい、これはダメだ、と騒いだ末に、ヘアピースを買入れたりしています。それを見て笑いものにしている生徒諸君、諸君の未来は約束されています。禿げを気にせずにおれる社会にいずれなるでしょう。多分。保証はしないけど。

六、泳ぎ方もいろいろ

ウサギ跳びご存じですよね。

両足をそろえピョンピョン前へ飛んで進んでいくあの運動です。

ウサギ跳びは簡単そうに見えますが、日ごろ運動していない生徒にとって大変つらいものなのです。ものの50メートルもウサギ跳びなどをやらされた翌日などは、脚の筋肉がパンパンにはれて動かすと痛みが襲ってきます。痛さのあまり足を引きずってあるくのがやっとの状態になります。特に階段の上り下りはこたえます。手すりを使ってやっと這い上がれるのは誇張ではありません。

毎年、私の勤めていたころは、新入生が痛さのあまり階段の手すりを使って行列を作って上る光景が頻回に見ることができました。それを上級生が見て、笑って面白がるのが、我が高校の伝統の風物詩となるほどでした。

ですから、生徒達の誰もがそのウサギ跳びをできるだけやりたくはありません。ところが、プールの始業時刻に一人でも遅れる生徒がいると、待ち構えているのが、クラス全員のこの恐怖のウサギ跳びです。

だから、ウサギ跳びをやらされる原因を作り、クラスの皆に総スカンを食わされないように、生徒達は皆、始業時間に遅れないように必死になります。

ある日、悲劇（いや喜劇かも知れません）が起こりました。

当時、使っていた水泳用の水着は、学校指定のものでゴムバンドではなく、ひもを通して留めるようにできていました。ある生徒が水泳パンツをはいてから留め紐が外れてしまいました。紐を通そうとしても、簡単には紐通しに入ってくれません。だんだんと始業時間が迫ってきました。焦れば焦るほど上手くいきません。仕方なく水着の上から、留め紐を縛って始まりの時間に間に合わせました。

しかし、紐を水着の上から縛るだけでは完全に水着を固定できるわけではありません。

彼の泳ぎの番がやってきました。平泳ぎです。ところが、彼が一掻きするごとに水泳パンツが下がってきます。お尻の割れ目が見え出しました。だんだんとその部分が増えてきてきます。とうとう太ももの部分まで下がって、お尻は丸出しです。そうなると自分でも気づいて、水着を上げてお尻を隠します。でも、しばらく泳いでいるうちにまた水着が下がってきます。

クラスの連中はそれに気づき大喜びです。

「汚いケツが見えとる」

そのとき先生はおっしゃいました。

「今日は背泳ぎは止めとこう」

先生にしてもお尻よりもっと醜い部分を見たくなかったのかも知れません。分かりませんが。彼の必死の努力が報われたのかも知れません。

私の通っていた学校には、夏に2キロの遠泳の行事がありました。堺市の浜寺海岸が実施場所です。先生方が船で併走して安全を担保します。途中で溺れそうになったり、もう疲れて最後までいけそうにない生徒が出てきたりしたとき、船に引き上げ助けます。

このハードな泳ぎを完泳した同級生を皆は尊敬しても良さそうなものですが、大阪の人間は実利主義が基本です。得に成らんもの、好きでもないものに情熱をかけない方です。

「ご苦労さん」

それでお仕舞いです。かくて、がんばって完泳した者は体中がヌルヌルしてしまったという嫌な記憶しか残せませんでした。

全員参加が原則ですが、当日でもサボルことが可能です。これは生徒・教師の両方にとって利点があります。

サボり癖のついた者や、耐久力のない者、苦しい泳ぎを避けたい者をわざと参加させずにおれるからです。未然の事故の防止に最適です。日頃からタバコを吸い過ぎたため体力が衰えて遠泳に不適な者は居ますが、当時、私たちはお金があれば学校の近くの定食屋さんのランチを食べるために使う方がずっと良いので、タバコ中毒患者はいませんでした。貧乏が良いこともたまにあります。因みに当時、一番安物のタバコ一箱とランチは同じ値段でした。

もちろん、生徒が身体的に無理だと判断されて、不参加を学校から申し渡される場合もあります。

また、自己都合で欠席した者は、後日、学校に登校を義務付けられて、論文の提出が申し渡されます。頭の中に書く内容が詰まっているわけがないので、図書館通いをして本を写さなければ成りません。でも本は一冊しかありません。コピーのない時代です。バトルの勃発です。それを勝ち抜かなければ論文が書けません。サボって得をしたと思っていた者の予想もしない落とし穴でした。

泳法として平泳ぎが最も一般的です。さらに首から上を水の上にずっと出して泳ぐ方法、通称、蛙泳ぎは長時間の遠泳に適しています。

戦争に行かれた経験のある定年間近の先生がお話しされます。

乗っていた船が撃破され、海に投げ出されたとき、泳いで助けを待った。その泳ぐときに越中ふんどしの前を覆っている部分を後ろへと外し、そのまま長く垂らして蛙泳ぎをして助かったと言う話です。サメは自分より身長の長いものは襲わないから、そうしたと自慢げにお話しされていました。私たちは、海軍式の敬礼、肘を横でなく前に突きだした敬礼で同意しました。なにしろ、越中ふんどしをそのときもしておられた先生ですから、敬意をあらわせねばなりません。

クロール、自由形もよく使われる泳法です。確かに、手を順次こぎいれ、水を掻き、足をバタ足に動かす泳法ですが、リズム良く順番に動かさなければなりません。極めて早く手足を、めくらめっぽうに動かす泳ぎだと、溺れかけている人とそんなに変わりありません。

英語科の教師がその溺れ泳法でした。15メートルほど、猛烈なしぶきを上げながらその泳法を続けました。

「どうや、ダイナミックやっただろう」

とおしゃりながらあがってきました。確かにダイナミックでした。それが証拠にプールの横の通路は彼の泳ぎの時の水しぶきで水浸しです。

「ええ、ダイナミックですね」

ダイナミックさの否定は一切できません。でもそれで25メートル進むことができるのでしょうか。少し疑問です。

一面しか見ない、客観性を持たない教師は困ったものです。

七、マラソンは公道で

私の工業高校教師時代の話です。

冬の季節の体育はマラソンです。正式なマラソンは42・2キロですが、学校のマラソンは学校の周り2周です。

なるだけ楽に走りたいと願うのはどこの学校の生徒も同じ願いです。ましてやタバコの吸いすぎで息切れの激しい生徒諸君は、ただただ完走だけが唯一の目標となります。

そんなチンタラな状況を見逃す柔な体育教師達ではありません。

学校の周り2周のノルマにビリから3番まではさらに1周の特別課題が課せられます。（ただし、身体的とか、病気等の場合は特例でその課題は免除されます）

余分に走る必要のないクラスメートの優越感に満ち、人の不幸を喜んでいるまなざしに耐え、過分な労働を避けるためにもビリから3番までに入りたくありません。

そうなるとビリに近い方の生徒には友情も義理や人情もあったものではありません。ゴール前で後ろの方にいるグループは毎度の激しいバトルが繰り広げられます。ある生徒に不幸が襲ってきました。走っている途中に、おしっこがしたくなってきました。この状態では、走り終わるまでおしっこが持たない。

2周目に入るとき、先生に

「便所に行く時間を負けてくれ」

と必死に訴えましたが、聞き入れてもらえません。

先生に訴えている間にも他の生徒達がどんどん抜いていきます。おしっこはしたい、でも便所に行く時間はない。どうすりゃ良いのか。もう彼は絶体絶命です。

でも、彼はとっさにグットアイデアがひらめきました。横走で走りながら、散水車でなく、動く小便小僧となってはしることを考え出しました。

自分にはしぶきがかからず、しかも後ろの生徒に追い抜かれない、この方策は大成功でした。

しかし、お巡りさんに目撃されると「わいせつ物陳列罪」で罪にとわれることは確実です。動く小便小僧のやり方はだれにでも勧めることのできるアイデアではありません。道路は公道です。

そんな過酷なマラソンを何とかごまかして、楽をしようとする奴が出てくるのは自然の成り行きです。

ある生徒はスタート時の混乱にまぎれて、反対方向に走り出し、すばやく物陰に隠れました。皆が1周回ってきたとき、まともに走ってきている列に紛れ込んで、1周走らずに済ませようとする魂胆です。でもよせば良いのに、欲が出てきたのでしょうか、先頭より先にでてきて、残り1周を走り、一番でゴールしました。

当然、それまで先頭を走っていた生徒が抗議をします。

「僕が一番です。最初からずっと先頭を走っているのに、突然前に人が出てきた。絶対おかしい。あいつはごまかしをしている」

結局、そのズルをしたランナーはあと2周のノルマを与えられた上、先生の信用を失ってしまったのです。

楽をしたい奴は何を考えるか分かりません。マラソン中、その公道を自転車で走っているおばさんに声をかけます。

「後ろに乗せてよ」

と、頼んだりしますが、もちろん聞き入れてくれる人など居るわけがありません。

「がんばりや」

と笑われているだけです。

また、本校の恥をさらしてくれています。


当時、陸上部の夏の合宿は長野県の白馬で行われました。毎日数キロ走っていて、走るのが好きな私は途中参加です。さらっとした空気で適度な気温の高原です。勉強もスポーツもするのに快適なところです。ですから、全国から高校生が集まってきて、合宿のメッカに成っています。

練習の終わった夜には陸上部の顧問の先生と飲み屋です。その帰りの道を自動車で走っていると、前方に高校生らしき集団が固まって歩いています。我が校の＊＊部の生徒達です。

「こんな遅い時間にどこへ行ったんや」

「いや、散歩です」

手にはウイスキーと思われる瓶を握っていましたが、さっと隠しています。でも陸上の顧問の先生はそれに気づいていません。言えば、先生はそれを取り上げて、飲むのは確実です。私は黙っておきました。飲むのを付き合わされる私と生徒、お互いの幸せのために。

陸上部の長距離の生徒は公道で走って練習です。私たち教師は宿舎のおじさんの軽トラに乗って、伴走です。

いくら快適な場所だと言っても、夏です。長距離を走っているとバテる生徒がでてきます。前の晩、ろくに寝ずに騒ぎまくっていた生徒はその該当者になりやすい事は確かです。とにかくバテた生徒は軽トラの後ろの荷台に載せて、残りの生徒達は練習の続行です。しかし走っているのは、あくまで公道です。当然、公的機関、つまり警察の支配下です。

荷台の生徒がお巡りさんに見つけられました。

「人を荷台に載せてはダメじゃないか」

「足を怪我して歩けないのです」

許してくれません。結局、助手席に乗っていた私が交代するため降ろされ、宿舎までの数キロを走ることになったのです。

「長野県警のポリ公の頭は固い」

と心の中で悪口を言っていました。

八、保健室がバトルの場に

ラグビーは男のスポーツです。スクラムで思い切りぶつかり合ったり、タックルで相手の選手を引き倒したりする姿を見ると

「男だな！」

と感じます。

でもそれ以上に男のスポーツと感じる場面があります。

試合中はもちろん、練習中に頭をぶつけて意識をなくしたりしたとか、激しくぶつかり合って痛みで転げ回ったりするトラブルが起こることは少なからずあります。

そのときに、

「いつもの万能薬だ」

と言って持ってこさせるのは、やかんに入った水です。

怪我人に水を飲ませるためではありません。頭から水をぶっかけるためです。そうするとたいていは倒れていた奴が治って立ち上がるのだから不思議なものです。

こんなのは男の世界だから、しかもラグビーの選手のような鍛え上げた体だからそれができるし、効くのかも知れません。

わがラグビー部の連中もその屈強さにおいて引けを取りません。A君も牛のような、素晴らしい体格の持ち主です。そのAくんが体の調子が悪いと言って保健室に通い出したから、変な感じです。

「頭が痛い」「お腹の調子が悪い」「せきがする」

同級生は

「頭が痛い。頭が悪いの間違いでは」

「十人前の餃子を完食して、まだ他人の餃子をくれと催促した奴がお腹の調子が悪いだと」

「咳がする。空咳、嘘咳じゃあないの」

同情心、零です。

それでも、彼も人間です。病気することがあるのかも知れません。むげにできません。

彼は休憩時間、昼休みの時間と、暇があれば理由を付けて保健室通いです。そのくせ、放課後、ラグビーの激しい練習を平気でこなしているのだから世話がありません。

「胸がどきどきする」

美人の養護教員の先生が手を握って脈を測ってくれます。

「お腹が痛い、盲腸かもしれん」

お腹を出し、先生に触ってもらうのがなによりうれしそうです。

「どこも悪くありません」

先生は冷たく言い放ち、お腹をピシャリと叩きました。

「ああ良い、もっと叩いて」

彼の魂胆は明らかです。

彼は授業中、机に伏せてよだれを垂らして寝るのが常であったのが、同級生が保健室で熟睡できたと言う話を聞きつけ、オレもベッドで熟睡しようとしたのが、保健室を訪れたのが最初の動機であるそうだ。ただし、これは伝聞だから確かではありませんが。

とにかくその養護教員の先生は美人で優しかった。

A君はお袋さん以外の女性に親切にしてもらったことがないのでイチコロです。

ですが、恋敵は沢山居ました。

まず、ラグビー部の顧問の若い独身の教師です。

「こら、また保健室に来て。お前が病気するわけがないだろう、早く教室に帰れ」

顧問という立場を利用して、生徒を脅しつけます。生徒は未練一杯に去って行きます。

注意している本人も保健室に来る理由などあるわけがございません。

「迷惑だと思ったらいつでも言って下さい。僕が追い払ってあげますからね」

頼まれもしないのに星の王子さまになっている気分です。

でも、この顧問の先生のライバルはその生徒だけではありません。同僚の独身男子教師達も強力なライバルです。

彼が保健室に行くとすでに独身男子教師が居ます。

「お前は何で来たのや」

「いや、僕はラグビー部の連中が迷惑かけていないかと思って。お前こそ何の用や」

「おれは俺のクラスの生徒の用や」

そもそも工業高校の専門科の教師は男ばかりです。普通教科の教師も男子教員が多数です。英語等に女性教員がちらほらと居るだけです。それもご年配で、結婚されている方々がほとんどです。

養護教員としてくる先生は全て女性ばかりで、若くて、美人でしかも独身の先生がほとんどです。この状況を、我が独身男子教師が見逃すわけがありません。

かくて、独身の男子教師が擁護教員の先生を目当てに保健室にわんさかと、押しかけます。

養護教員の先生にしても同僚の教師は伴侶としてそんなに悪くない相手です。公務員で首を切られる心配がないし、給料もそこそこあります。なんといっても、同僚だから観察機会に不足はありません。養護教員の先生の選択権の行使で全て決定されます。

そんな騒ぎがしばらく続いた後、結局このマドンナをさらっていたのは、見た目は普通で、物言いも上手くない、ボートした、見るからにぼんぼんタイプの教師でした。

女性の見る目は現実的です。

かくして、保健室のバトルは終了しました。

九、修学旅行は学ぶことが多いものです

修学旅行は学校内では味わえない、いろんなことを学びます。生徒だけではありません、教師もそうです。

ある修学旅行のことです。引率していた教師は何とか無事に旅行先の宿舎に着きました。部屋に入って、自分のボストンバッグを開けてみると、なんと、砲丸投げの玉が入っているではないですか。バッグが何かしら重いと感じていましたが、出発のあわただしさのため、そう感じるのだと自分を納得させていました。

でも、そんな役に立ちそうもないものを自分は入れた記憶はありません。

ニヤニヤしている体育教師の顔が浮かんできました。

「あいつか」

砲丸投げのボールは大切な学校の備品です。捨てるわけにはいけません。宅配便で

送るにしてもボールを入れる適当な箱がありません。結局、修学旅行中、ずーと、持ち運ぶしかありません。最近、運動不足気味にしている私に、腕のトレーニングをさせてくれるつもりでしょうが、ありがた迷惑な話です。

生徒に注意しているように、旅行前のバッグの点検を十分しなければいけません。注意している私自身が点検を怠っていた証拠です。反省しています。

「火事とけんかは江戸の華」

と申しますが、修学旅行の引率教師にとってはこんな騒ぎは願い下げにしてもらいたい出来事です。

便所の便器に吸い殻を捨てることは火は確実に消えますすが、排水管が詰まることがあるので止めてほしいものです。いくら証拠隠滅に適しているとはいえ、旅館に御迷惑をお掛けしては申し訳なさ過ぎます。それ以外の場所に吸い殻を捨てるのはタバコの火が確実に消えていない場合、火事の危険があります。

教師が何の前触れもなしで、突然に生徒の部屋に入る場合は事件の起こる可能性が少なくありません。たまたま、生徒がタバコを吸っていたときに、不意の侵入をしてしまうと、喫煙の事実を隠すため、慌ててタバコを隠そうとします。便器に流しても、フイルターがあるため直ぐには流れてくれませんので、喫煙の事実が知られてしまいます。そこで、証拠隠滅の場所として用意されるのは、押し入れの天井などが選ばれます。でも、そんなドタバタしたとき、タバコの火の完全消火がいい加減です。

私の教師時代、それをやっちゃいました。ボヤの発生です。幸い火事には成りませんでしたが冷や汗ものです。

生徒には逃げ道を残すものです。反省しています。ごめんなさい。

修学旅行は他校の生徒と遭遇する機会はもちろんあります。

相手が女子高生の場合は、野暮ったい、がさつな我が工業高校の男どもを相手にしてくれる酔狂な女の子はまずいませんので、声をかけ誘っても、完全に無視されて、それでおしまいです。

男同士の場合は、友好的な雰囲気でお話をすることはなくはないが、非常にまれな話です。大抵は、お互いなめ回すように眺め合って、目線のジャブの応酬で始まります。

「われ、どこから来たんじゃ」

と日頃は使わない河内弁で聞くと、それだけで勝てる場合が少しはあります。ですが、多くの場合は逃げ出すか、日頃口のすることない丁寧語で下手になって相手をしています。それも、一種の社会勉強で、悪いことではなく、大切な体験です。でもクラスの暴れん坊諸君が、妙な刺激を受けて活動ホルモンが活発化して、自分は強いのだと自己暗示をかけ、他校の生徒といさかいをしてもらっては困ります。

修学旅行の宿舎の従業員の方は、そんな生徒達をいつも相手をしているので、ヤバそうな連中が出会わないように工夫してくれています。またたとえ出会って不穏な空気が流れだしても、適当にあしらってくれて大事になることはまずありません。こちらも安心してお任せしています。

でも、外で、たまに、そういった連中同士が遭遇する場合があり、たいしたいさかいでなくても、お慣れになっていない一般市民の方がびっくりされて、警察に通報される事がたまにあります。

警察に生徒をもらい下げに行くことは実は何でもないことです。警察も通報を無視できないため、一応、警察署に連中を連れて来ただけで、早く帰らしたい気持ちがありありと分かります。警察官の方々に頭を下げておしまいです。

警察署に連れて行かれたのがよほどショックなのか、その時以降はおとなしいものです。

良い社会勉強をしてくれました。

そんな世間知らずの生徒達が、大型船に乗船し、一般客と一緒に、大部屋で一晩過ごすことがありました。いつものように生徒達は仲間同士で騒ぎまくっています。そばにいる乗客が嫌な顔をしても平気で騒いでいます。

「静かにしろ」

私たち教師が注意しても知らん顔です。

しばらくそんな喧噪を続けていると、別室から見るからにその筋の方と見受けられる方が乗り込んできました。

「おんどれら、死にたいんか」

引率教師の私たちは平身低頭あやまります。

「海に掘り込んだろうか」

「もう決して騒いだりさせませんので、許して下さい」

海に生徒達がぶち込まれる事もなく、その筋の方は自分の部屋にかえっていかれました。

もちろん、それ以降騒ぎ出す生徒は居ませんでした。

自分たちより強い、暴れん坊がこの世の中に存在するのが分かった貴重な体験です。

十、カンニング、成功すれば蜜の味

高等学校は成績不良による落第があるためもあり、成績の競争が激しくない工業高校でさえ、生徒たちは試験の点数を上げようと必死になります。中には不当な手段で点数を上げようとする連中はどこの学校でも、どこの世界でもいます。

でも、考えてみれば、人間の能力の差を見せつけられるのもこのときであります。視力が2.0以上ある生徒にとって、斜め前の答案は見たいと思わなくても見えちゃいます。答案が見えている生徒が優秀で、自分の答案の答えが心もとない場合、自然と優秀な生徒の答えを写しちゃいます。これは成り行きとして仕方がないことです。ただし、頭をキョロキョロしたり、体を乗り出したり、相手に体をよけろと言ったりする、目立つような行動をしてはだめです。そうなると、試験監督もほっておくわけには行けません。そのズルをしようとする奴の真横にずっと立ったりして、カンニングを防ぎます。

視力が並以下でしかない、親から受け継がれている視力能力の限られた生徒の場合は、他人の答案を見るのはそう簡単ではありません。他人の協力が是非とも必要になります。答案の上の方を書いているふりをして答案用紙をたらして、見やすくしてくれるとか、仲間の誰かが、わざと質問をして試験監督官を引き付けて隙を作ってくれるとか、あるいは答えの書いたメモ紙をまわしてくれるとかは、よほど気の良い同級生でないと、無料奉仕でしてくれるものではありません。

ここでも、資本主義社会の厳しい現実が待ち構えています。金のある奴が有利という現実が。

成績が良くて気の良い同級生を持たない、金もない哀れな生徒は自分で工夫しなければならなくなります。

現在のようにスマホのない時代です。

（ただし、現役の高校生諸君にスマホを使いなさいと言っているわけでは決してありません。誤解のないようにしてください）

自分の手に書いておくなどは、安全で確実ですが、書ける量も限られています。第一、汗でにじんで、肝心の試験中に読み取れなくなったら悲惨です。机に書くにしても、先生に見つけられる危険もあります。

勢い、カンニングペーパを使うことになってしまいます。これは、見つかると完全な証拠物件となり、ヤバいことこの上ない代物ではあります。

見つけられてから、証拠隠滅のため、カンニングペーパを飲み込むという手もあるにはあるのですが、おいしいものではありませんし、第一、お腹をこわすかもしれません。決して証拠隠滅のために推奨できるものではありません。

生徒間で推奨されていたカンニング方法はゴムバンド付きのカンニングペーパです。手を離すとカンニングペーパが引っ張られ、袖の中に入り込んでしまうように仕掛けをしたやり方です。これなど見つかりにくいですが、よほど度胸の据わっている生徒でないと、そんなことをすれば、挙動不審で見る人が見れば分ります。ですから、安全であると推測される監督教師のとき限定の話です。

教師からするとカンニングペーパを用意するのだったら、その時間勉強すればよいのにと思うのですが、カンニングするスリルを生徒は楽しんでいるのかもしれません。

私の場合はカンニングの楽しみを知りません。後ろの席の奴につつかれて答案用紙を見せた時は、ドキドキして楽しみどころではありませんでした。私には向いていませんでした。

教師になって、本音としてはカンニングの現場を見つけても、表ざたになることはできるだけしたくありません。本人に恨まれるし、指導がめんどくさい限りだからです。

私の場合はできるだけカンニングをさせない、隙を見せないようにしていました。それでもカンニングしようとする奴には、頭にパンチを食らわせることにしていました。このパンチのことで、暴力教師だと訴えられることはありませんでした。

世間では、替え玉受験、問題用紙を盗みだすやり方、咳の数で答えを教えるやり方、果ては火事をおこして試験をさせない、といったイカサマな方法がありますが高校ではとてもできる方法ではありません。

高校だからこそできるイカサマな方法があります。

返してもらった答案用紙を利用するやり方です。本人が返ってきた答案用紙の答えを正答に書き換えて、採点ミスだと教師に訴えてくる方法です。シンプルなやり方ではあるが、教師によっては成功率の高いやり方でもあります。

ある教師の場合は通用しません。

ミスがあるとその教師に訴えに行くと

「5点引きな」

ぶつぶつ生徒は文句を言っています。

「分かった10点、引きな」

ここで事態の重大さにその生徒はやっと気づきます。

「いや、元の点数にしてください」

と撃退されて帰って行きます。

我が愛した工業高校の生徒ではそんなにも見られませんでしたが、悪い点数を取っても、それを受け入れせずに、じたばたする露骨に悪質な生徒がいました。

私が普通高校で経験した話です。

ある先生は生徒の答案用紙を返却する前にコピーしておきました。採点ミスだと毎回やってくる奴に対してです。採点ミスがあると言ってきたとき説教してやろうと待ち構えていました。

結果は悲惨なものです。教師の負けです。

教師は生徒を罠にかけてはいけないことになっているからだそうです。確かに良い方法ではありませんが、そういう行為をしたくなった教師の気持ちは大いに理解できます。

問題は答案の改変をいつもしていて、今回もした、その悪ガキの生徒を注意だけですましてしまったことです。その辺が、差別反対教育を強く勧めているその学校のおかしいところです。そのとき、そんな教育は私には合いそうにないと思わせてくれました。

私は採点ミスの訴え防止に、採点の時、バツを付けると同時に正解を赤鉛筆で書いておきました。これに限ります。一部の生徒は赤鉛筆で正解を書いてくれる親切な教師だと思われていたようです。

誤解は時に良いものです。

十一、朝の五時起き

朝起きは高校生にとっても苦手なものです。特に冬場は、布団の中の暖かい快適な状態から、おさらばするのは嫌なものです。何度も何度も家の人に起きるように言われても、ぐずぐずして起きようといたしません。結局、ぎりぎりまで寝て、慌てふためいて、家を飛び出し、毎日のように遅刻すれすれで登校してくる生徒達です。

その彼らが、自分の家々で

「明日は五時に起きて学校に行く。弁当用意しておいてや」

それを聞いた母親はびっくりです。

「あんたどうしたんや。大丈夫か」

息子が気が違ったかと心配するのも無理はありません。

いつものの、得意の口だけだろうと半信半疑です。でも、無駄でも弁当だけは時間に間に合わせて作っておきます。

一月の五時といえば外はまだ真っ暗です。いつも寝坊ばかりして起きてこない息子がその時刻に起きれるわけがないと母親が思うのも無理はありません。

体育の授業でラグビーを彼らは教えられ、一年、二年、三年と試合をしていくうちに、その面白さに夢中になってきました。とうとう三年の三学期になった時、

「こんな面白いラグビーをもっとやりたいな」

と誰からともなく言い出してきました。

そこで、いつもは出し惜しみばかりをしている彼らの頭脳を最大限活用して、ひねり出してきたのが朝の時間帯です。

「場所はどうする」

「学校のグランドは良いけれど、警備員のおじさんや教師がうるさいな」

「河川敷の公園なら朝は誰も使っていない空き放題の状態だろ。あそこにしよう」

「ラグビーボールはどうしょう」

「ダメモトであの鬼に頼んでみようか」

恐る恐るみんなで頼みに行くと、鬼とあだなされている体育教師はだまって自分のラグビーボールを貸してくれました。

あとは、試合をするための人数が揃うかという問題です。試合は2チームの選手の人数30人とレフリーの合計31人が必要です。三年ではクラス40人弱の人数で、大学受験の生徒を除いた人数だから、ほぼ全員が参加しなければなりません。

学校集合は六時半です。後は寝坊助ぞろいのクラスのみんなが、異常なくらい早朝に起きられるかという問題が残されました。

でもまったく心配いりませんでした。それぞれ家で家人たちを驚かせながら、朝きっちりと起きて、時間に遅刻することもなく全員集合です。

寒風が吹きさらす早朝の河原のグランドです。寒さも一通りではありません。ですが試合が始まるとそんなことを言っていられません。走りに走り、パス、キック、タックル、モール、スクラムと全員一体となってプレーしているうちに、顔はほてってきて真っ赤に、汗がにじんできます。

学校の始業時間が瞬く間に近づいてきました。もっと続けたいけど、始業時間にクラス全員、教室にいないのでは騒ぎになるかもしれません。仕方なく打ち止めです。

「それじゃ明日もやろう」

と一人が言えば
「そうや、明日も同じ時刻に集合」

みんな異論はありません。

次ぎの日も、試合が終わると、また翌日集合となり、またその次の日も同じ取り決めがなされます。

結局、この朝の試合を卒業まで一か月続けたのですから立派です。やればできるものです。

自主的に決め、それをやり遂げたことは、卒業後の彼らの人生に、大きく作用したことはまちがいないでしょう。

それと、クラス仲間の親しさ、信頼はきっと長く、長く強く続いたことでしょう。

競争の少ない工業高校だからこそ、こういったことができたのかもしれません。

ちょうど、大学受験シーズン真っ最中で、勉強に必死になっている同年代の高校生がいる中での気楽さではありますが。

ただ、授業中いつも私語ばかりで騒がしい、そのクラスは、当然水を打ったようにシーンとし、ぼっとしている奴、居眠り勝ちの生徒ばかりでした。中にはうつぶせになり、いびきを出しながら完全熟睡で寝ている豪傑もいました。

「いよいよ卒業間近になって、みんな感激に浸っているのだろう。いびきをかいて寝ている奴以外は」

と勝手な想像をしている、幸せな教師もいました。

休憩時間の早弁に加えて、昼時の食堂の定食は定番になりました。

当然、お腹が異常にすきます。ラグビーの試合です。

ラグビーは激しいスポーツです。怪我をよくします。怪我のことを考えると

「やめろ」

と言う声がでても不思議ではありません。

それがなかったのがこの学校の良いところです。

十二、坊主頭とおばちゃん

高校野球児の特徴は何と言っても彼らの坊主頭です。

高校球児の坊主頭は強制的に決められたものではないそうですが、ほとんど高校野球児は坊主頭です。だから、一部の学校しか長髪も許されて坊主頭ではありません。とにかく坊主頭は野球部の伝統です。

世間ではこの高校野球児の坊主頭を好意的に見ていられるようです。その好意的な視線が、坊主頭を続けさせているのかもしれません。

私が野球部の顧問をしているときも、当然、野球部員は坊主頭です。

新入生の正式の入部の関門が坊主頭になることです。手動式のバリカンで上級生が散髪してくれます。このバリカンで散髪してもらった人は理解できますが、髪の毛が引っ張られて非常に痛いものです。しかも、所によって毛が残り無残な状態で終わります。でも文句は言えません。先輩のすることですから。たいていの新人は後で理髪店に行ってきれいな坊主頭にしてもらいます。最初から理髪店で坊主になってこいと言えばよいものを、この儀式は必須のものなのです。

江戸時代、罪人が島流にされたとき、刺青をいれられて、「お前は娑婆から隔離されている」ことを思い知らされました。そんなむごい話では全くありませんが、野球部という世間と違った別世界に入ってきたことを散髪で思い知らされます。これからは、どこにいっても、坊主頭だと野球部員だとみなされ、いたずらや悪い事をしたら、すぐに足がつくという自覚が必要です。つまり品行方正が求められます。しかし、本人たちにはその自覚がほとんどないと言っても言い過ぎではありません。

我が高校野球部も夏の地方大会にむけて練習に余念がありません。

その年は学校での合宿で、畳を引いた教室での宿泊です。

激しい練習が終わり食事の後、皆でそろって学校の近くの銭湯へ出かけます。汗まみれだった体をきれいにし、湯船に浸かって筋肉をほぐし、リラックスに努めます。

みんな最高の気分です。

合宿の宿泊最後の日、私は部員が銭湯に出かけた後、少し遅れて、その銭湯に出かけていきました。

部員たちと一緒に行っていた、今年卒業したOBが私を見て早々に帰っていきます。不吉な予感がします。

その銭湯のおばちゃんとどうやって親しくなったのか分かりませんでしたが、

「そう、合宿も終わりなの、もう見れんね」

普通では、おばちゃんが野球部員たちの顔をもう見ることができなくなり、残念がっていると思いますよね。

ご存知のように、銭湯は男女別々の着替え室があり、その間の入り口に番台があって、どちらにも対応できるように、着替え室を見渡せるように作られています。したがって男子の着替え室からでも、番台に近づけば、女子の着替え室を見ることができます。

お風呂から上がってきた、我が坊主頭軍団は折り重なるようにしてその番台近くの空間を占拠します。これは完全な集団覗きです。犯罪です。それなのに、番台のおばちゃんはなぜか毎日の覗き見を注意しません。でも、そんなことが許されるものではありません。

もしこれが表ざたになったらと思うとぞっとします。

最悪の場合、大会への出場停止になるかもしれません。

「顧問のあなたが付いていて、そんなことをさせてはいけませんね」

校長に怒られている自分の姿が浮かんできます。

これはいかん。直ぐに止めさせないと。私も必死です。

「やめろ」

大声を出して止めますが、

「先生も仲間に成ったら良いじゃん」

といった顔をしてやめようとしません。

しかたなく、部員の手を引っ張って番台から引き離しますが、別の坊主頭が、良いポジションが空いたとばかりに、その位置を埋めます。そのエロ集団をはがしても、はがしても減ることはありません。

結局、その集団の塊が完全になくなるまで長時間を必要としました。

宿舎に帰って、全員に注意したのは言うまでもありません。

「お前らな、その頭見たら、どんなに空とぼけても、野球部員や。高野連に垂れ込まれたら、出場停止やろ。試合に出られんようになったらどうするんじゃ。バカが」

正座させての説教だけど、どこまでわかったことやら
「出場停止。そんな大げさな」

と、大多数の生徒がそう思っている顔でした。

幸い、表ざたにならなかった。良かった。

「生徒の思っていたように、おおげさにするようなものでなかったのかも知れません」

分かりませんよ。

女子の裸に興味津々な年ごろなのは分からなくもないですが、しかし、集団の覗きはいくらなんでも良くありません。


それにつけても、番台のおばちゃんは何故注意しなかったのでしょう。それも毎日しているのに。きっと、ニキビ面の坊主頭の高校生が好きだったのだろう。おばちゃんは高校球児の味方です。

十三、白球を追って

高校野球はスポーツのなかでも独特の雰囲気を持っています。

特に、夏の地区予選は格別です。当時は、プロ野球の選手がゲームをする球場で、同じマウンドを使って試合をします。スタンドには多くの観客を集め、ブラスバンドをバックに、学校の生徒、OB、を含めた応援団は声を張り上げて名前を連呼してくれます。

おまけに、トーナメント方式ですので、負ければそのチームはそこで終わりです。それは三年生にとっては、即引退を意味します。日頃はいい加減な授業態度しかしない生徒達であってもゲームには真剣そのものです。

そんな雰囲気ですから、あがるなといっても、普通の人間であればあがらない方が不思議なくらいです。バッターボックスでバットを構えている姿は練習の時と何ら変わりがありませんが、日焼けで真っ黒であるはずの顔が真っ青になっています。

監督がサインを出しても、こちらの方を見てくれません。

「あいつは何を考えとるんじゃ」

監督はかんかんです。

「何にも考えていません。ボールが来るのを、ただ待っているだけです」

私が横でつぶやきます。

「だから、バッターボックスに入る前に金玉を握っておけと言っておいたのに」

あきらめきれないのか、監督は愚痴っています。

練習試合ではあれだけ打っていたホープ君もさっぱりです。

でも、良くしたもので相手のチームも同じようにあがっています。相手のエラーでチャンスが広がります。ワンアウト、二、三塁です。

バッターが構えています。スクイズか強攻策か。

監督は次の打者をネクストサークルから呼びました。ヘルメットを取り、直立不動で話を聞いています。今更、何をアドバイスしているのだろう、この時機に。これが、次打者を呼び説教することが、サインを見落としがちな選手に対する監督のとっておきのスクイズのサインだったのです。思えば露骨なサインです。

スクイズ失敗。読まれていたか。やはり何回もできるサインではありません。

それでも何とか、勝っていくと、舞台慣れして度胸もついてきます。そして上に上がるほど、強いチームと対戦する確率が高くなります。次の試合は前年度大阪大会に優勝した高校です。勝てるわけがない、と誰もが思いました。

でも、高校野球のふしぎなところです。

一回の表、先頭打者が三塁打です。それで相手のピッチャーの調子が狂ってしまった。初回に三点です。本校のピッチャーは絶好調です。勝っちゃいました。

「勝った。勝った。甲子園や」

「あと三つで甲子園に行けるで」

選手も応援団もその気になっています。

次の準々決勝の試合前の練習の時は自信満々です。

「今日も打ってや。＊＊」

呼ばれた選手は手を振って応援席にこたえています。もうスター気取りです。

でも、世の中そんなに甘くありません。

試合は同じく府立工業高校である高校に1対0で負けです。それも我がチームの内野手のタイムリーエラーの1点の惜敗です。勝負の厳しさを思い知らされました。

エラーした選手は球場から駅まで泣きどおしです。彼は涙の軌跡を点々と道路に残していました。

「お前のせいじゃ」

一生言われ続けられるのでしょうか。

でも、あくる日、彼を見たらケロとしていて、遠い過去にそんなこともあったな、という雰囲気で、皆と冗談を言い合っていました。そんなタイプが多いのが本校の良いところです。

野球部は練習ももちろん大切ですが、練習試合も欠かせません。それで、日曜日や祝日日には他校に出かけて行ったり、迎えたりして、ほとんどいつも試合をするのが野球部では普通です。

甲子園に行くような強豪校は相手を選び、わが校のような公立校とはめったに練習試合をしてくれませんが、たまに試合をしてくれます。

有名なＰＬ学園と試合ができる幸運が転がり込み、試合に出かけていきました。ＰＬ学園との練習試合は野球部の専用球場であるＰＬ球場です。

試合後、彼らの練習を見学しました。ＯＢがバッティングピッチャーをしていて２面のゲージからボールをふんだんに使ってガンガン打ちまくっています。全くプロ野球のチームと変わらない練習風景です。ボールを買う金を節約しているケチケチムードのわが校とはえらい違いです。

わが校では古くなったボールは下級生に夜なべ仕事として縫い直させて再度使い、１個のボールがなくなったといっては見つかるまで探しまわっている日常です。

「あんな恵まれた練習ができたら、俺たちもうまくなるわ」

「ほんま、その違いや」

と負け惜しみを言いながら帰りにつきました。

「素質も違うよ」

とは口が裂けても言える雰囲気ではありません。

「彼らに勝てないのも無理ないわな」

と調子を合わせておきました。

十四、ブラスバンド部、部員内の激しいバトル

吹奏楽部（ブラスバンド部）、ご存じでしょう。

吹奏楽器と打楽器を使ってチームとして演奏するクラブです。吹奏楽器はいろいろあります。フルート、クラリネット、ピッコロのような比較的小型のものに始まって、トランペット、サクスフォーンのような中型の吹奏楽器、ホルン、トロンボーン、ユーフォニウム、チューバのような大型のものまで沢山あります。そこにパーカッションとしての打楽器が加わります。

ですから、一応、吹奏楽部の演奏をするのには少なくとも20人近くの演奏できる部員が必要となります。吹奏楽部の全国大会に出場するような有名な高等学校にいたっては50人もの生徒が演奏します。

私の勤務していた高校も全国大会の出場常連校だったので沢山の吹奏楽部がいました。

吹奏楽器を経験した方ならばお分かりでしょうが、練習には大変な騒音が発生します。自宅で吹こうものなら大邸宅に住むとか、騒音防止対策の部屋（防音設備付き）を持っていない限り、ご近所から

「うるさい、止めろ」

と怒鳴り込まれるのが落ちです。

勢い、学校での練習が主体となります。学校では部員たち一人一人が練習で音を出すのですから、練習のできる始業前や放課後は学校中大変な騒音です。学校は広いし、吹奏楽部の騒音に対しても皆さん理解のある方ではあるのですが、それでも苦情を言う人が出てきます。それに上手く対応しなければなりません。

日頃、先生方には

「ご迷惑をお掛けしています」

学内の演奏会では

「学校の皆様のおかげで、このように演奏会を開くことができました」

と、ごまをすり倒すのが吹奏楽部顧問の大切な仕事です。

なんでもそうなんでしょうが、繰り返し、繰り返しの練習が吹奏楽でも大切です。

しかし、それを近くで毎日聴かされる者は吹奏楽と聞かれると、耳たこの
「ああ、あのブーカ、ブーカね」

と反射的にリズムが浮かんでくるのが一般的です。

練習を続けていると、次第に上達してきます。そうなると自信もできて、余計に吹奏楽が好きになり、夢中になってきます。その辺は若さの良いところです。

ではありますが、それも個人差があります。持って生まれた才能の違いが歴然としてくるのが音楽系であります。絶対音感の持ち主の素晴らしい生徒もいれば、音痴とは言わないまでも、どうしようもなく才能の乏しい生徒もいます。

ある教師など高校時代、クラス合唱のときどうしても音が合わないと、先生が怒り出すので、試しに口パクをして声を出さなかったら
「やれば出来るじゃん。音が合っている」

といわれた悲惨な経験を語っていましたが、そのような音痴も世の中にはいます。

吹奏楽器は楽器の中でも唇の当て方、息の吹き方など専門の技術がより必要な楽器です。

一流の専門家の指導を受けるのが一番良いのでしょうが、高校の吹奏楽部では上級生から教えてもらうのが普通です。

高校生に入ってから吹奏楽を始める生徒が大多数ですが、中には入部してきた時点で、素晴らしく上手い生徒もいるわけです。

ですから、下手くそな上級生が、完璧に演奏している新入りに

「そうするからあかん。こうしろ」

とむちゃくちゃな指導をしている場合があります。嫌ですね。

どこのクラブでも、上級生と言うだけで偉そうにしています。吹奏楽部でも例外ではありません。だから間違った上級生の指導はしばしば起こります。これを是正するのが指導者の役目なのでしょうが、

「がまん、がまん。それも人生勉強」

とでも考えているのでしょうか、干渉はあまりしません。吹奏楽部員をまとめるために、吹奏楽部を運営するために、干渉はあまりにひどい場合を除いて最小限度にしておられるようです。

ところがこの不条理には、ガス抜きと思われる方法が吹奏楽部では取られています。

吹奏楽の演奏コンクールでは、いかにうまく演奏するかがもちろん大切です。そのため演奏者を誰にするかが当然関係してきます。せっかく練習してきたのだから全員出場させる、といった考え方もありますが、入賞するためにはきれい事ばかり言っていられません。上手な演奏者のみの出場となります。

そこで、顧問は最適の人選を行いたいと思うのですが、

「オレをなぜ出さん」

と、納得しない生徒が出て、トラブルのも良くありません。

そこで、パートごとに一人ずつ全員、課題曲の一部を演奏させ、それを聞いたクラブの全生徒による多数決で出演者を決めていく方式を採用していました。この方式は顧問が自分だけで決めていくよりはるかに成功しています。部員、皆が納得できやすいのかも知れません。

そのためもあり、吹奏楽部内でのコンクール出場をかけたバトルには激しいものがあります。上級生というだけでは出演は保証されません。変なイジメをしていたら、メンバー選出のとき仕返しをされるかもしれません。

大会が近づくと練習にも気合いが入ります。かくして、私たち学校内の人間は朝の

はやくから、放課後遅くまで、「ブーカ、ブーカ」音を聞かされ続けるはめになってしまうのでした。

十五、放課後の過ごし方（一）

その日の授業が全て終わり、放課後となれば生徒の自由時間です。スポーツクラブあるいは吹奏楽や演劇部など文化クラブにエネルギーを発散している人もいる一方、一定の決められた組織に入りたくないし、そのまま直ぐに下校するのも嫌だ。もっとクラス仲間と、もっと遊びたいと願う生徒たちが当然居ます。

その受け皿の一つがトランプ遊びです。

あるクラスで放課後にやっていたトランプゲームはセブンブリッジやインデアンポーカです。これらのゲームは、いずれも自分の手札と比べて相手の手札を表情やジェスチャ等で推察して、進めて行くゲームです。ですから人間観察力、状況判断力などが問われる非常にシビアなゲームです。こういう能力は社会に出て実際に非常に役立つ能力なのです。
バクチはだめだと教育委員会の先生方はおっしゃいますが、人間は自分の頭を使ってこそ頭が発達するのです。だからこういった頭の使ったバクチは頭の発達に最適の訓練になります。認めてやって下さい。せめて学校でトランプを見つけたら取り上げることは止めて下さい。お願いします。別に私はギャンブル業界の回し者ではありませんので。
ただ金銭的な負担が大きくなってはダメですが。パチンコ中毒、パチンコ依存症のように。（ただし、公式見解ではパチンコはギャンブルではないそうです）
我が校では。負けた者が学校近くの食堂（衛生状態の悪そうな食堂）で焼きそば等を奢ることでした。許される範囲だと思います。

また、パフォーマンスをお互いにやる居残り組も居ました。
教室でクラスの仲間に囲まれて一人ずつ自分の得意なパフォーマンスを披露する遊びです。何でも良いのですが、皆に受けるものが当然喜ばれます。テレビでおなじみのお笑い芸人のまね。ジャニーズのメンバーや歌手のまね等々。普段から披露するための研究に余念がありません。テレビを観るにも真剣です。

こういった以外でもクラス仲間でする遊びをすることで、クラス仲間は、信頼度は増し、親密さは抜群になります。クラブのように上下関係やきまりもなく、出入りも自由な集まりは良い記憶となって残ります。こういった結びつきは現代的でもあります。はやっていくでしょうね。

わたしの高校生時代の居残りは期間限定でした。定期試験前や試験日の放課後です。バットとソフトボールを持ち出し、グランドで二人で交互に打ち合う遊びです。その期間、授業が終わると生徒はすぐ帰らねば成りませんので、グランドには誰も居ません。それをよいことに遊んでいたのです。二人とも成績はどうでも良かったのです。先生に遊んでいるところを見つけられ無理に帰らされるまで毎日あそんでいました。

自宅に直ぐに帰宅する生徒の中に趣味を楽しみとしている生徒もいます。もっぱら、釣りに熱中する生徒がいました。その生徒が釣りに誘ってくれたことがあります。釣りが初めての私は不安でしたが、ついて行き、浜辺に到着です。

釣りは浜からリール付きの釣り竿で、投げ専門の陸釣りです。思い切り海に向かって仕掛けを何十メートルも飛ばし、リールを巻き戻しながら釣り上げる。フィッシングと呼ばれています。いかにも若者の好きになりそうなスポーツです。

カレイやキスなどが獲物です。これをつり上げるときの快感は極上のもので、はまる人が居るのも当然です。

私ですか。釣り上げた魚に針を外すときにらまれた、そのにらんだ魚の顔が忘れられなくなって、その後遺症で釣りを諦めました。とにかく脅しに弱いのが私です。

学校から真っ直ぐ帰る生徒の多数は、家でも何も特別なことはしないぶらぶら組です。レコードを聴いたり、テレビのバカ番組を観たり、ゲーム機で遊ぶ毎日です。

これまでの彼らの生き方は、雛が親鳥の餌を口を開けて待っているだけで済んだような、親が何でもしてくれる、安楽そのものの毎日です。あえて自分から何もしない方が、かえって物事が上手くいっていたようでしたから、自分から何かをしようという考えを起こし得なかったのも無理はありません。

ところが、彼女が欲しいとなると話が変わります。今までのように親が何とかしてくれる、この場合は付き合ってくれる彼女を探してきてくれることは期待できません。どう考えても。

それに、イケメン、スタイル抜群、お話上手、これらをすべて満たさない、大多数の我が校の生徒では女性の方からのお誘いは、いくら待っていてもまず期待できません。

勢い、自分から何かしらアクションを起こして彼女を獲得しなければ成りません。そのため、今まで何も一切しなかった無精者が自分から、髪型、服装などのファッションにこだわってきます。学校に遅刻する恐れがあっても朝の髪の手入れの時間を省くわけにはいけません。

とはいうものの、懸命の努力をしていたその生徒達は大抵は失敗に終わり、彼女居ない歴の年数を増やすだけです。

でも努力はするものです。中に酔狂な女の子が相手にしてくれる幸運な奴が出てきます。そんな奴は見せびらかしが大好きです。文化祭などは絶好の機会です。学校中を案内するとかいって、同級生に合うたびに、尋ねられもしないのに紹介しまくっています。得意の絶頂です。
しかし、そんな奴は後でクラスの連中に村八分にされる危険を冒しているのです。
男の「やっかみ」を知らん奴です。

十六、放課後の過ごし方（二）

男子高校生にとって大好きなものにオートバイ（バイク）の運転があります。男の子は小さいときから動くものが好きです。これは本能みたいなもので、持って生まれたものです。高校生になると、オートバイの運転をしたくなるのも自然な話です。

私たちの高校生時代は誰もが貧しかった時代だから、バイクの運転が出来る生徒は、皆からうらやましがられていました。そして、バイク運転は新しい道、遠くの道を行きたいものです。だからこそ、休日には遠出です。同級生の場合は、慣れない遠出で疲れが出たのでしょうか、列車との事故を起こして即死です。高校二年で息子さんをなくした親御さんには悲しすぎる出来事です。私たちのクラスは皆、バイクの運転は危険が伴うものだと思い知らされました。

ですが、一般の高校生は身近に事故がないと、そうではありません。スピードを出すな、飛ばすなといっても大抵無駄です。スピード違反で捕まっても、クソーと思うだけで
「これから制限速度内の安全運転しかしません。絶対に」

とは、ほんのわずかも思いはしないのが普通です。

スピードの出し過ぎの若者のバイク事故はつきものです。それも私の同級生と同じように悲惨な大事故になることは珍しくはありません。

道路が工事で舗装が傷んで居るところに猛スピードで走ってきたバイクがガタガタ道のためハンドルを取られ空中に投げ出され電信柱に頭が激突、即死したご遺体を見たことがあります。バイクのスピードの出し過ぎは、小さな石一つで大事故に繋がります。


骨折だけで入院の場合は全く懲りた様子を見せることはありません。入院先の病室は、見舞いに来た同級生のはしゃいだ声で充満しています。まるで、修学旅行のホテル並みの騒がしさです。終いには、看護師さんが怒って、

「直ぐに病室から出て行って下さい。今後、あなたたちは病室に入れません」

と面会謝絶にさせられたりします。

交通事故の後遺症がひどい場合もあります。ある生徒は、バイクが衝突、その弾みで空中十メートルほども飛ばされ、頭から着地、そのとき地面に顔を擦り付けてしまう事故に遭いました。幸い、治療によって、命は助かったのですが、顔の半分の肉がとられ、シリコンで補給したのですが、見栄えは良くありません。

卒業式にその生徒が職員室に挨拶に来たとき、恐れて近寄ろうとしない教師がいたほどです。

バイクに乗るためには当然、運転免許が必要です。しかし、親が反対で取れない、免許試験代がない、等といった理由で、バイクに乗りたいが、免許がない高校生が少なからず出てきます。

法律に素直に従う高校生ばかりではありません。無免許運転をしてどこが悪いと思う生徒が出てくるのは必然です。そしてお巡りさんにつかまえられるのも必然です。お巡りさんは高校生の無免許バイク運手者を判別できます。お巡りさんを見たら逃げ出すからです。
捕まると保護者の呼び出しの上に罰金が待っており、ろくな事はありません。やめてください。お願いします。

バイク乗りが集団で走ると暴走族に近づいてきます。中には、本物の暴走族に入って、彼らの制服を着て、爆走します。調子に乗って、信号無視などの交通違反を得意になってやっていると警察沙汰になってしまいます。
高校生だからといって警察は決して許してくれません。我が校の生徒は後ろから付いていくような奴がおおいですが、容赦してくれません。在学中にこってりと油を絞られるのは本人のために良いことです。

関係ない話ですが、元東大教授の「花粉症」の論文を読んだことがあります。車の排ガスにはアジュバント作用があり、花粉症を起こし安いという。つまり、バイク乗りは、排ガスをまともに吸うので、花粉症に成る、極めて成りやすい運命だということです。

放課後バイトでお金を稼ぐ生徒もいます。

我が校の生徒は本来的に頭を使うより、身体を使う方が好きなタイプが少なくない。それに実習で油を扱ったりするから、汚れる仕事にさほどの違和感はありません。そういった事もあり、探せばアルバイトは見つかるものです。

バイトで小遣いが入ると、大人のまねをしだす奴もでてきます。酒、タバコ、パチンコに、何とかです。そうなるともう完全におっちゃんです。教師に対しても反抗しない代わりに適当にしか相手にしてくれません。教師にとって寂しい限りですが、大人の皆が通ってきた道なので、仕方がないことかも知れません。

新聞配達のアルバイトでがんばる生徒もいます。朝刊と夕刊の2回をほとんど休みなしに毎日配るのですから、よほど意志が強くなければ続くものではありません。

それを三年間続けた中で、抜群に走るのが速くなった生徒がいました。全校生徒のマラソン大会でトップです。駅伝の府予選に請われて出場しましたが、しかし、そのレベルでは平凡なタイムになってしまいます。

その彼の口癖が、今は亡き勝新太郎の台詞（古いね）

「人間死ぬ気になったら何でも出来る」

声まで似ていました。私たち一部の教師よりもはるかにしっかりした人生を送っている、立派な若者でした。

十七、応援練習

工業高校の体育祭でのハイライトの一つは各科対抗の応援合戦です。

高校野球のスタンドでおなじみの学生服、白いハチマキ、白手袋をしたリーダーのパフォーマンスの下、手拍子、動作、声を合わせての応援です。見ている方も良く統制された応援は見がいのあるものです。生徒達自身も、一緒に応援し、肩を組みあい、応援歌を歌えば、自然と一体感が沸くというものです。

そして、この応援合戦にリーダーは絶対に負けたくありません。各生徒はそれほどでもありませんが。

この応援合戦に勝つため、体育祭前の応援練習にリーダーは力を入れます。

ところで、あくまでこの応援練習は自主的で、任意参加が建前になっていますが、「応援練習をします。放課後残って下さい」

で残るほど、素直な生徒はご多分に漏れずそんなにいません。そこで上級生が放課後の下級生への強制集合を実行することになります。校門で上級生が待ち構え、帰ろうとした下級生は全員押し戻されます。

「お腹が痛い」「風邪を引いている」等といって帰ろうとしてもだめです。

学校の塀を乗り越えてにげようとしても、過去にやろうとして失敗した、経験豊富な上級生が塀の向こう側で待ち構えて逃亡を阻止されます。

教室に集合させられた下級生たちは上級生が取り囲む中で、手拍子、応援歌を練習させられます。先生より怖い上級生の中です。下級生は皆、緊張した、張り詰めた雰囲気の中での練習です。

そういうこともあり、リラックスさせるために、代々受け継がれている歌を合唱させられます。その時ばかりはニキビ面の下級生の顔もほころぶのであります。

その一つが替え歌です。

正月や　正月そうそうやりたがる、やりがたる

二月や　逃げる娘をとつかまえて、とつかまえて
　　　　娘もやりたがるカルタ取り、カルタ取り
三月や　さっさっと前広げ、前広げ
　　　　むりやりやらせるふき掃除、ふき掃除
四月や　しかけたところに客が来た、客が来た
　　　　しっかり抱くのは乳飲み子よ、乳飲み子よ
五月や　後家さんたまにはするがよい、するがよい
　　　　しぶしぶ止めるはへぼ将棋、へぼ将棋
六月や　ろくろく夜も眠らずに、眠らずに
　　　　亭主の命日墓参り、墓参り
七月や　人目はばからず抱きついて、抱きついて
　　　　徹夜でするのが試験前、試験前
八月や　入ったと思ったらまた抜けた、また抜けた、
　　　　裸でするのが相撲取り、相撲取り
　　　　唾つけ入れるは針の穴、針の穴

九月や　暗いところでゴソゴソと、ゴソゴソと
　出したり入れたり写真屋さん、写真屋さん
十月や　ジュクジュク、ジュクジュク音がする、音がする
　皆もしたがるすき焼きを、すき焼きを
十一月や　十一娘のそのくせに、そのくせに
　差したり、抜いたり、かんざしを、かんざしを
十二月や　十二時ですよと妻が言う、妻が言う、
　そろそろしようか昼飯を、昼飯を

それからツンツン節も歌わされました。

僕は＊＊校の三年生　ツンツン
可愛いあの娘は＊＊の　ツンツン（リーダーの片思いの女の子の学校、毎年変更）
胸にぴったりセイラー服　ツンツン
始めて二人で会ったのは　ツンツン

＊＊駅の＊＊の中　ツンツン　　　　（これも毎年変更）
そもそも二人の馴れ初めは　ツンツン
定期を拾ったことでした　ツンツン　（妄想の世界でなんでもあり）
＊＊＊＊＊＊
以下妄想から来る、ありそうもない物語が続いていくのです。

さらに、女子高校めぐりの歌も合唱させられました。
（この歌もリーダーの好みで内容の大幅な変更が毎年される。つまり片思いの学校ひいきに）

応援練習といって、こんな歌を合唱させられていたのですから世話がありません。
他の人が見たら
「あいつら何しとる」
といわれかねません。でも、下級生たちは結構楽しそうで、息抜きになったことは間違いありません。

十八、文化祭

文化祭は大切な行事です。日頃は、教師に言われたことしかやらない生徒たちが、自分からすることを決めて、自分たちが実行する良い機会です。

我がクラスの生徒たちの希望は、沢山のお客が来て、特に女の子が来てくれて、楽しくてしかもお金が儲かるものはないかと厚かましいことを考えます。

「占いはどうだろう。手相見で公然と女の子の手が握れるで」

「あほ、誰が、そんな良い女の子が来るか。来るのは男ばかりで、手には鼻クソ付けてくるかもしれん」

「それもそうや。女の子だけ入場可にはでけへんな」

その時、誰かが、

「女の子が好きなのは、焼き芋やで。焼き芋を売ろう。焼き芋屋をしよう」

女と言えば自分の母親しか知らん奴が、母親の好物をあげます。

「そうか、女の子がいっぱい来るのか。それが良いわ」

単純そのものが理由で決定です。

花壇の石を無断借用してかまどにし、鉄板を実習工場から借りてきて鍋です。それに、廃材を拾い役が集めてきて燃料です。後は芋だけです。

家が農家である教師が、自分の畑に芋を植えている話を聞きつけます。早速、交渉です。幸いなことにただ同然で提供してもらえることになりました。

文化祭当日、店は大はやりです。

でも肝心の女子高校生の集団は入ってきません。我が野暮な、むさ苦しい生徒たちが店番です。入りたくても入られなかったのかも知れません。たまに女子高校生が注文に来るときは、男子生徒の護衛付きで、ぜんぜん期待外れです。

それでも、おばちゃんたちには大好評です。

「寒いから、余計美味しいわ。あんたらかわいいわね」

「はい、どうもありがとうございます」

おばちゃんたちにからかわれてお終いです。

無事終了。芋は完売です。

しかし、よく売れた芋の量の割には売上金は少ないようです。真面目で信頼できる生徒の話では、店番の生徒たちが、自分たちや仲間で、勝手に芋をいっぱい食べたそうです。担任の私が少しは良いだろうと甘い顔をしたのが運の尽きでした。仕入れの半分以上の芋が彼らのお腹の中に入ったようです。

「まあ、猫に魚の見張り役を任せたようなものか。どうせ、利益は生徒会に寄付だもんな。まあ良いか」

結局、腹一杯、つまみ食いをした生徒の勝ちです。


文化祭では市民ホールを借りて出し物もいたします。

その中の人気行事の一つに歌謡選手権があります。その審査委員長に私が選ばれてしまいました。自慢じゃないけど、音痴の私にですよ。

「まあ、考えたら、その程度のレベルで良いわけだ。気楽に行くか」

ですが、出場する生徒は真剣です。歌手の服装と同じものを用意して、歌います。

テレビで見るアクションそのものです。ほんと良く研究しています。歌もうまいものです。ただ、惜しむらくは、身長と顔が違いすぎです。

「どうしよう。下手に順序を決めたらうるさいな。困ったな」

出場した生徒には賞品がかかっています。余計に順位にうるさそうです。

「まあいいか。一番文句を言いそうな奴が一番。その次にうるさそうなのが二番。おとなしそうな奴等は適当な順番で」

でも、もっともらしく採点表は作っておこう。

音痴の私が審査委員長になったのが不運です。おとなしい子は諦めることです。

不吉な予想取り、結果発表後、私に問い合わせ、否、抗議に押しかけてきました。

もっともらしく作っておいた採点表が役立ちました。窮地脱出。

文化祭は本校の生徒以外の方が学校に来てくれます。本校の生徒が来て欲しいのは、中でも、現役の女子高校生です。否、女子中学生でも構いません。ですが、決して二十年前・三十年前に女子高校生、女子中学生だった女の方ではありません。

ある生徒は妹に

「お前の友達を連れてこいや」

と頼みますが。けんもほろろに断わられます。

そもそも、本校に来ている生徒は、人は良いが、ぼんぼんの兄ちゃんタイプです。それに、しっかりものの妹であるケースが比較的多いようです。つまり、寅さんタイプとさくらさんタイプの組み合わせです。兄の言うことなど聞き入れません。

仕方ないか。

「今年はダメでも、来年があるさ」

諦めも早いのも本校の生徒の長所ではあります。


それでも、ブラスバンドの演奏会のついでに他校生が結構校舎の方に訪れて、賑やかにしてくれています。しかし、文化祭を出会いの場、機会にして、彼女を作るという途方もない計画が成功したという話は、風の便りにも聞いたことはありませんでした。

十九、喫煙狂想曲

日本では法律での年齢制限もあり、高校生の喫煙は禁止されています。そのためもあり、学校は生徒が喫煙しているのを見つけると指導の対象とします。各学校で指導内容は異なっています。初回は何日間の停学、何度も繰り返し喫煙しているのが見つかると、指導困難生徒として判断されて退学処分もやむなしとされているのが、一般的のようです。

でありますが、女子はともかく、男子生徒の多くが、否、ほとんどが喫煙経験者です。そして、かなりの比率で常習喫煙者になっております。

ある教師から、「あいつは尻から煙が出るほど吸っている」と評されるヘビースモカーの生徒もいるようでした。実際は分かりませんよ。

私たちの時代では貧乏な家庭が多かったので、タバコより食い物だというのが一般的で、常習喫煙者に成りようがなかったのです。それだけ、日本が豊かになった証拠でしょうね。

生徒としては捕まると停学の罰があるため

「タバコは吹たし、捕まりたくはなし」

なので、あの手この手でごまかし、逃げまくりのドタバタ劇を演じることになります。

私がアメリカのハイスクールを訪問したとき、生徒が吸いかけのタバコを捨てて校舎に入る生徒を目撃しました。同行した米国人によると、校舎外では喫煙はOKだそうです。

その学校はレベルがハイクラスで、いわゆる荒れた学校でもないそうです。

だから、米国人から見たら、日本の高校でやっている生徒の喫煙の取り締まりなどは、それ自体ドタバタ劇そのものです。

薄暗い店のスタンドにただ一人、男は座っていた。手指に挟んだタバコから一筋の帯となって煙がたなびき、物思いにふけった横顔は孤独そのものであった。

昔の映画に出てきそうなシーンですが、高校生の場合は全く違った光景です。

よせば良いのに
「オレにも一本よこせ」

本数が少なければ
「吸いかけのタバコをちょっと吸わせろ」

わいわいがやがや、体育館の裏で、校舎の隅で、便所の中で、騒いでおります。

でも、自分の出したゴミは自分で持ち帰るのがエチケットです。それができない非常識な生徒は吸い殻を他人、特に生活指導部の教師への迷惑も考えずにその辺に捨てて帰ってしまいます。

「残されたブツあり」

との情報を得た生活指導部の部長は、このところ暇なので張り切ってしまい私たちに指示を与えます。

「指導対象生徒を見つけ出せ」

あほらしいとは思いながら私たち部の担当教師は指示に従い、校舎の怪しいところを巡回します。

男子便所に入っていたとき、本来的には孤独な一人用の個室であるはずの大便用の部屋で話し声がします。おまけに個室の上の方に煙が立ち上がっています。

「こら。出てこい」

素直に観念して出てくる生徒もいますが、ジタバタする奴も当然出てきます。証拠隠滅のために吸い殻を流そうと必死です。そんなときに限ってフィルターのため浮いてしまって簡単に流れてくれません。それでも、必死の努力の結果、無事に流れてくれました。

「タバコをすっていただろう」

「吸っていません」

「それじゃ、その胸のポケットに入っているライターは何や」

「あー、いや、そのー、兄貴のシャツを間違えて着たら、ポケットにたまたま入っていただけです」

「まあ、とにかく生活指導部へ来てくれや」

こんなばかくさい会話をした後、本人たちも結局喫煙を認めることになります。

職員会議で停学が決まったら、親の付き添いで本人に申し渡しです。担任の教師は
「校長先生、ご指導よろしくお願いします」

「生徒が喫煙することは、法律にも、学校のルールにも違反し、生徒の本分である勉学を疎かにし……」

校長先生のありがたいお話です。でもこの校長室に充満している臭いはなんだ。灰皿には消したはずの吸い殻がかすかに煙立っています。

「喫煙停学を申し渡す日ぐらいは、禁煙して欲しいですね。校長先生」

と意見するほど私は、正義感に溢れた教師ではありません。心で思うだけです。

担任の仕事の一つに停学中の生徒の家庭訪問があります。

「どうや、反省しているか。勉強しているか」

一割に満たないバッターにヒットを期待するような気持ちで尋ねます。

「チャンとしていますよ」

「二度と捕まるようなことをするなよ」

二度とタバコを吸うなとは言いません。

と言うのは、分別のあると思われている教師が禁煙に挑戦して、失敗しているのを見続けてきたからです。

「今日で四日タバコを止めている」

と自慢げに意志の強さを誇っていた教師が翌日にはタバコを吹かしている姿が目撃されます。いつもの結果です

ところで、家庭訪問の生徒の部屋を見ると灰皿が置いているではないですか。さすがに吸い殻はありませんが。

「吸い殻をその辺に捨てられたら火事になるから、その予防です」

とお母さんも自衛しているのでしょう。教師の言うことも聞かない生徒が、母親の言うことを普通は聞かないでしょう。だけど教師の家庭訪問のときぐらいは灰皿を見えないところに隠しておいてほしいものです。

「学校では吸わない」

との教師の願いを生徒は理解できたのでしょうか。

ところでタバコは吸わない方がよろしい。タバコの影響の受ける心臓病でコロリと死ぬのはましなほうです。肺がんでも長く苦しみが続きます。喫煙家が最もなりやすい慢性閉塞性呼吸疾患も最後まで意識があり呼吸苦にくるしみます。新型コロナ感染症では、重症化や死亡の第一に影響する疾患は長年タバコを吸っていた方がなる慢性閉塞性呼吸疾患です。ご注意を。

二十、教師もいろいろ

教師ほど個性の強い寄り合いの人の集団はそんなにないでしょう。生徒に教える、説教することをずっと生業にしてきた人種です。

「独断の自分の考えを押しつけるな」

「上からの目線は止めろ」

「他人のはなしを聞け」

と忠告しても無駄です。オレは、私は、違うとして、自覚症状が全くないためです。

教師は本質的にお山の大将です。自分が一番正しい、偉い、他人は私の話を謹聴しろと思っています。多分。

だから、世間ではとても通用しない話がゴロゴロ転がっています。その例を述べてみましょう。

ある教師は学生時代のだらしなさ、無頼さをそのまま持ち込みました。朝のクラスの朝礼にはしばしば遅刻。職員会議もサボルから生徒への伝達ミスもしばしば。クラスの掃除監督もいい加減だから教室はゴミで荒れ放題。

真面目な学級主任から見れば腹立たしい限りです。主任が注意しても直すような半端な人間ではありません。

ところが、生徒たちから見れば、掃除もサボれる。ガミガミ言わない。話が出来る。面白い。親しみやすい等と、評判は悪くありません。

しかし、決定的なミスもあります。休校日にそのクラスの生徒だけが登校してきた、という伝達漏れです。これは悲惨でしたね。

その後、そのクラスのクラス委員がしっかりし出しました。その委員は他のクラスの担任から直接伝達事項を聞き出し、漏れを防ぐようにしていました。

「また、あの担任、連絡忘れよった」

とぼやいている実質の担任ともいえるクラス委員の姿を何度も見ました。かわいそうに。

その教師は二度と担任を持たされなかったが、反省ゼロでした。でも給料は同じです。

体育の教師たちは特に個性的な方が多く居ました。体力、行動力に勝てる生徒はまずおりません。女子高校生のいる学校では常に女子高生の憧れの対象になるはずです。ある体育教師は常に生徒が先に先生に忖度させるようにしていました。ウサギ跳びで生徒を意のままにし、採点ミスの指摘には逆に減点するというルールを覚えさせていました。

我が野球部の部員は放課後、その先生と同じグランドで練習しているとき、わざとボールを取らず、その先生にボールが当たるようにしましたが、後は見るも哀れな結果がまちうけていました。野球部員の君たちは未熟だ、と言うしかありませんでした。

また、別の教師は実務能力、ほぼ零でした。

修学旅行での新幹線の座席を決める役が当たりました。

「座席は三人掛けが海側で、二人がけが山側か。否、反対だったかな」

一向に決められません。出発日が近づいてきます。でもまだです。

ついに、他の教師が口を出しました。

「クラスごとの座る座席の区域を決めて、後は生徒に決めさせろ」

わずか一分での解決でした。

くずぐずして何も決められなかった教師は有名大学の大学院卒の肩書きです。学歴の優秀さと実務は全く別です。


金銭感覚のずれている教師もいました。

書類を作るのに、自分の証明写真が必要になった教師です。学校の生徒の写真クラブに行って証明写真を撮ってくれるように頼みました。生徒にすれば、そのためだけに現像、焼き付けなどをするのは手間のかかることですが、教師の頼みです。引き受けることにしました。

「サービスしとけよ」

厚かましくも、その教師は生徒に、てまひまかけさして無料でしてもらうつもりです。

「サービスですね」

もちろん、生徒は写真のサイズがサービス版の大きさのことと解釈しました。まさか無料でやれとの意味とは夢にも思いません。

当然、写真の引き渡しのときトラブル発生です。

材料費だけでも払って欲しいとの生徒の切実な願いも聞き入れません。

「サービスで頼んだろ」

生徒からトラブルを聞いた顧問の教師は
「オイ、金払えよ。それとも教師を辞めさせられたいのか」

と、脅しを掛け、給料日に必ず払うと約束させました。

生徒にたかる教師はいくら何でも。良くありませんね。


教室の掃除は嫌なものですが、まったく掃除のサボりに注意しない教師がいました。

生徒が掃除もせずに帰ったあと、担任のその教師が一人で掃除をし、終わった後、合掌し、「今日もありがとうございました」と言うのが常でした。実家はお寺さんだそうです。でも生徒の教育的にはどうなんでしょう。


反対に、非常に厳格で、机の列が少しでも真っ直ぐに並んでいなかったら、直ちに真っ直ぐにさせるほどです。教室の掃除など、よほどない限り最初から最後まで指示を続ける教師でした。でも、生徒の自主性は育つのでしょうか。

二十一、記憶にのこる授業、先生

高校生時代の授業、先生のことを記憶していることは、たわいないことが多いものです。他人にはうかがい知れない、自分があるからです。

だからその話を他人が聞くと、

「くだらん、それがどうした」

と言われるのが落ちです。でも、そんな話を聞くのも、自分たちの思い出に繋がるかも知れないので書いてみました。

国語の先生が藤村の詩「千曲川旅情の歌」が出てきたとき、この詩を覚えなさい。将来、何かやれと上役に言われたとき役に立つから。

僕は覚えたね。実際、社長に何かやれと言われたときこの歌を披露したら、感心してくれたよ、と電話口で嬉しそうに語ってくれました。

そうだよな、僕ら工業高校生は、がさつな人種と思われていたのかも。先生はそれでアドバイスしてくれたのかも。今でも覚えているからと、その詩を朗読してくれました。

小諸なる古城のほとり
雲白く遊子悲しむ
緑なすはこべは萌えず
若草もしくによしなし
しろがねのふすまの岡辺
日に溶けて淡雪流る

別の同級生の話です。

ぼくらの時代は高校でも遠足（課外学習）という授業があり、行先は学年単位でなく、クラス単位で決めていました。我々のクラス（3年間組換なし）は不真面目なものが主導権をとっていたので、行先は高校生の学習とは無縁の服部緑地公園・天王寺動物園・箕面公園など、まるで幼稚園、小学生低学年が行くところに決定していました。目的地では課外学習とは程遠く気の合った者同士が好き勝手なことをしていたことだけが思い出されます。それを許してくれた担任は鷹揚だったね。懐かしいと言って昔を思い出していました。

購買を担当していたとき、紙を丸めてボールにしバットで打ってあそんでいたら、その購買部担当の先生が、突然部屋に入ってきた。怒られるのを覚悟していたら、先生から何のおとがめもなかった。先生のファンになったよ。

そうだよな。そんな遊びもはやっていたな。あのオールバックの先生ね。実は何か金銭トラブルをしでかして、学校を辞めていったそうだよ。社会の出来事、事件をそのまま演じた先生でした。知らなかったろ。

国語の先生、若くてスタイル抜群。いかにも女性にもてそうなドンファン（？）みたいな先生がいたよね。あの先生スキーに行って脚を骨折しちゃった。その先生の授業時間、自習がずっと続いたのが記憶にあるな。２ヶ月ぐらいして松葉杖で授業に来られたとき、皆、「先生無理しないで下さい」と言ったのだけど、完全に無視されちゃった。言うまでもなく、僕たちの魂胆を見抜いていましたね。もちろん、僕たちは気分良い自習時間をもっと続けたかったからに相違ありません。

あの頃は安保反対の運動が盛んな時代だったな。確か学生帽子をかぶって実習服でデモに参加していて、その写真が新聞に載った同級生もおったな。

隣の組の担任は共産党系と親しかったそうだが、授業中に自分の主義を一切言わない紳士だった。その反対に、さらに隣の担任は社会科の担当だが、授業中、ずっと安保闘争を批判しつづけて、自分のわけのわからん主義と何の役にもたたん話を話し続けていた。本来の社会科の内容は授業では一切なしで毎度終わっていたな。世の中にはそんな人もいる、できるのかとおもった記憶がある、と語ってくれました。

英語の教師は、アクセントばかり注意していた記憶がある。発音は下手でもう一つだったけど。僕がアメリカに実際に行ったとき、確かにアクセントの重要性が分かってきた。発音の下手さはそうでもなかったけど、アクセントを間違えたら全く通じません。その先生の言う通りで、改めてびっくりした。

そうそう、英語の単語の試験できどって、affect の訳に「気取る」と滅多に使わない訳を書いて出したらバツにされた。その訳でも正解ではないのかと抗議したら先生は滅多に使わない訳だからバツにしたと、取りあわなかった。それを聞いて、同級生が猛烈に抗議してくれて、おかしすぎると引かなかったな。あいつは正義感の強い奴だが、それにしては同級生の弁当を盗み食をした疑いをかけられていたな。まあ僕にとっては良い奴だ。まあ良いか。

三年の実習のグループ分けは、そろいもそろって同じタイプの奴ばかり集まっていたな。一人名前を挙げたらそのグループがわかるほどだった。自由選択だからそうなるのだろう。当然のことか。

二十二、落第と退学

今も昔も高等学校で落第したり、退学させられたりする生徒がいます。高等学校は義務教育ではないということで出席日数不足や成績不良で落第、退学が認められているからです。退学の場合は生徒本人の意思で、あるいは特別な素行不良で強制的に退学の結果に至ることもあります。

教師としては落第や退学をしないように、できるだけ卒業までがんばって欲しいと思うのですが、落第や中途退学がなくなることはありません。

学校に十分適応して、楽しく学校生活を送っている生徒であっても、試験の成績が悪ければ、建前上、単位を与えないことになっています。そういった生徒には日常点を加味して、ある程度の救済をする教師もいます。

一方、定期試験の点数一本で判断、機械的に単位不認定を決めてしまう、教育的配慮ゼロの教師もいます。でも誰もその先生に干渉出来ません。その辺は教師がお山の大将と言われる例です。

学校側としても好き好んで落第者を出したくありませんから、成績不良者を対象とした補習授業をしたり、追試をしたりする制度を設けているところもあります。その制度を利用しても、本人の努力及ばず（でも一円玉のような軽い努力しかしなかった生徒もいます）成績不良の落第者が毎年でてまいります。

落第と判定されると、一部の生徒は転校あるいは退学していきますが、多くの生徒はもう一度同じ学年を勉強することになります。一つ年下の連中と机を並べて勉強することになり、外からは違和感があるように見えます。しかし、たいてい、最初こそ少しの抵抗感を持つのでしょうが、多くの生徒は上手くやっています。むしろ、先輩として、一目置かれ、居心地の良い地位を確保する生徒の方が多いようです。

それでも同じ学年を三年は出来ないので、二年目の試験にはプレシャーがかります。

B君は落第生の代表的な生徒でした。一年生を二回、二年生を二回してから三年になった生徒です。彼は学校に休まずに来るし、授業中は一応することはするし、決して授業の邪魔になることはいたしません。学校ではタバコは吸いません。学校としては彼がもう一年来てもらっても支障は全くありません。

ですが、このたび落第すると六年の高校生活をすることになります。彼は一年遅れて入学してきているから、来年卒業時は二十二歳になります。

「大学を卒業する年齢だな」

「いくらなんでもまずいじゃないの」

教師同士顔を見合わせ、暗黙の了解をしあったのでしょうか、落第候補のリストに彼の名前はありませんでした。

「良かった。良かった」

判定会議の行われている会議室には声なき声がこだましたようでした。

「彼の卒業を、教師たちは喜んでいたのですが、何か一抹の寂しさを皆ただよわせていた」

と言う話が伝わってきました。我が校に五年居たのだから、無理もありません。

成績でなく問題を起こして退学を強いられる場合があります。

学校側が指導困難と判断された生徒たちです。具体的に言えば、まず、喫煙それからカンニングです。それも何度も捕まった人たちです。特に、喫煙は凶悪性も犯罪性もありません。それくらいで退学させられるのかと、かわいそうにとも思えます。でも、何度も捕まるほどやっていた、止められない、指導に従わないと決めつけられての退学決定だから仕方がないのかも知れません。でもそんなバカな奴だからこそ憎めない奴もいます。

あいつら元気で過ごしているかな。


それから窃盗、恐喝、暴行障害、器物破損などの犯罪行為をした奴です。こんなのは社会でも許されるものではありませんし、本人たちの凶暴性も半端ではありません。教師が指導できる範囲をはるかに超えています。退学はこの場合やむを得ない制度です。

たまたま、始めて起こしたと言うこともなくもないですが、大抵は再犯の奴で、何度も捕まったすえに明らかになった奴たちです。警察から生徒の犯罪についての連絡は必ずしも常にはありませんが、無視できないレベルでは連絡してきてくれます。

学校内でのこれらの犯罪は被害者が生徒であるだけに絶対に許されるものではありません。恐喝、暴行障害は特に被害者が脅されて表に出にくいケースです。

私が普通高校で勤務での出来事です。

被害者が申し出て来たとき、先生に告げたことが分からないようにしてくれとのことです。難しい希望ですが、方法を見つけました。アンケートで犯罪行為の目撃情報を集めることで、告発者を不特定多数にして、その生徒を守ったのですが、教師の非難の大合唱です。アンケートとは何事だと。教師が建前しか言わない見本でした。

窃盗の場合、現行犯でない限り捕まえることはできません。その生徒がいなくなったら窃盗の被害が全くなくなったばあい、限りなくその生徒が犯人と思われます。ですが、学校は警察ではなく生徒を指導する場所です。

そして、なぜか、これらの許しがたい犯罪行為に対して、喫煙を同じレベルで論じます。罰則も同じ程度です。その辺の認識は教育界が特殊だと思われているところです。

二十三、自分から学校を去る生徒

学校からの強制退学と違って自らの意思で学校を去って行く生徒たちが居ます。先ず、入学した後、自分の考えていた、思っていたイメージと極端に違っていた場合です。特に工業高校のような実業高校の場合に起こりやすいようです。高校の受験校を決めるとき、あまり良く分からず、中学の先生の勧めもあり、受験し、入学してしまった。そして入学してからこんなはずではなかったと失望してしまう場合でしょうか。これは日本人の感覚の問題のようなところもありますので、どうしようもありません。

去って行く工業高校もずいぶん良いところも、見つけ出せばあると思うのですが。

私は工業高校の卒業生です。クラスの同窓会には五十代までは半数以上、現在でも三分の一が寄り合い仲良くやっています。そんなのは実業高校だからこそあり得る話です。

私が担任した生徒にも本校が嫌いだと言っていた生徒たちが居ました。一人は普通高校に再受験して入学した生徒です。どんなに説得しても聞き入れません。最終的に便宜を図ってやりました。

あとで、彼の友達に聞くと、彼女と同じ学校に行きたかったからだとのことでした。

「それを先に言ってよ」

私としてはそんな気持ちです。

「彼女より一学年下でも良いのか。女の子の力とは大きいものですね。一度その女子に会ってみたかった」

と寂しくつぶやくのでした。

自分で去っていった別の生徒の場合は

「同級生が幼稚すぎる。それに学校で学んでいる内容も程度が低い。教師もだらけすぎです。自分で勉強した方が良いと思うので学校を辞めたい」

と言ってきた。言っていることは確かにそう言われればそうだし、反論しても負け惜しみに聞こえるだけかも知れません。それにしても、高校を中退することには問題がありすぎです。

学校を辞めてからどうするのかと聞くと、

「大学検定で大学受験の資格を取り、大学で哲学をやりたい。アルバイトで金も貯める」

とのことです。

我々凡人としては、大学へ入学するため、そんな方法を選ぶので退学すると言われて、直ぐに納得できるはずもありません。

「でも、高校中退はリスクも伴うし、うちの高校を卒業してから大学に行ったら」

と教師なら誰でもするような説得を試みても
「学校に来ることが耐えられないのです。よくよく考えた上の結論です。親も了解してくれている」

彼の決心は固く、変えそうにありません。高校を続ける意思のないのに無理強いもできません。

「そうなんか。ふーん。そんな生き方を取る人生もあるんだ」

私の方が感心してしまい、影響を受けていたようです。後年、このことが教師を辞めて職業を変えたことに少なくない私の動機になったようです。

世の中には年齢以上の精神年齢の人もいるものです。私などよりはるかにしっかりしているようでした。

「がんばってください」

と、最後にその生徒に申し上げるほかはありませんでした。

もっと変わった理由で、自分で去って行く生徒も居ました。

その筋の組長の一人娘と結婚して跡取りになるために辞めていった生徒などはその例です。きっと波瀾万丈の人生が待ち構えていたことでしょう。

高校一年で、百八十センチメートル近くの上背があり、頑丈な体つきの生徒でした。男子の十六歳は結婚出来る年齢ではありませんでしたが、それを気にする柔な奴ではありません。

それに、授業時間中に堂々と弁当を食べて、教師に止めるように注意されても、

「人間、食うもの食わなきゃ死ぬだろう」

とわけの分からん言い訳をして、教師の言うことなど聞きません。そんな極道だから、極道の道を選ぶのが良い選択だったかも知れません。学校の窮屈な規則に縛られ、教師にガミガミ言われ、環境の全く違うレベルの低い同級生のガキを相手しても面白いはずがありません。

あまりにひどい無法ぶりの生徒で、指導困難が明らかな生徒だったため、当人から退学の申し出があったとき、職員室には歓声が上がったほどでした。

両サイドともめでたしめでたしの結果でした。

二十四、不登校（一）

堅苦し、面白くない節が続きます。今回も重い話ですいません。

退学する生徒の中にクラスの連中と合わなくなって、場合には教師とまずくなって辞めていった同情すべき生徒の場合があります。イジメを受けていた場合は特に気の毒でなりません。

他人の間違い、ドジ、あるいは欠点を見つけて、言いつのったり、笑ったりするのを面白いと感じ、大好きな世代の高校生ですから、するなと言い続けてもなくなることは決してありません。ハゲ、チビ、デブなどと教師をなじるのはまだ愛嬌ものです。

私などどれだけハゲと言われ続けたか知りません。最初は深く傷ついていましたが、だんだんと自分の芸名のように思えて愛着が出来てくるから不思議なものです。

性格の悪い、悪ふざけの加減のわからんバカな奴が、生徒の中に少なからずいます。

それに、性格の悪い教師さえ居ないとはいえません。

おまけに、この日本ではそんな奴をとがめるのが難しい仕組みになっていますから、被害を受ける生徒はたまりません。

欧米では、ひどいイジメをした方の生徒の退学、転学は当たり前です。

日本では被害生徒が深刻な状況になったとき、できるのは、先ず担任の教師に相談することです。相談に行くと担任が普通することは、イジメの張本人に、

「だれだれ君が、君のイジメのため悩んでいる。二度とイジメるな」

場合によっては、加害者と被害者に仲直りの握手させたりします。

そんな説教や握手で解決など先ず、できません。

そもそも、教師に注意されて、自分の非を認める生徒はまれです。

「教師に告げ口しやがって」

と普通は脅しをかけます。

ですから、被害者は前より酷い状態になった。陰険な仕打ちをされる結果に陥りがちです。そうなると、二度と担任に相談しようとはいたしません。

でも、とうの担任の教師は相談に来ないから、イジメは解決したと思っています。まあ考えれば脳天気な話です。マスコミで報道される深刻なイジメ事件で担任が言う台詞が

「私は、きちんと指導しました」

はこのパターンが少なくありません。

私もこのパターンに近いことを経験しました。

被害者の生徒にずいぶん経ってから、経過を尋ねると、余計にひどい状態に成ってしまったと言うことです。いわば、

「猫にネズミをもてあそんではダメよ」

と言うようなものです。

でも、被害者の当人にとってつらい話です。

それでも我慢して学校に来ていると、それが当たり前に成って、そのイジメがだんだん気になることが小さくなってきたとのことです。

結果論で言えば教師がかき混ぜるより、生徒自身で解決できた、最高の結果を得たということでしょうか。

それを乗り越えることが出来たのは、話を聞いてくれる友人、中でも同じ立場の友達が居た場合が多いようです。

「あのバカがイジメやがって、いい加減にしろ」

と一緒になって愚痴や悪口を言い合ってストレスを発散してきたからだそうです。

教師の力はたかが知れています。

とにかく、いろいろあったにしても卒業までこぎ着けた生徒は、荒波を乗り越えた漁夫のようにたくましくなっております。そして同じように、しごきや嫌がらせに耐えた同級生は生涯の友になり得るでしょう。

不幸にしてそんなイジメに耐えられなくなれば、かわいそうに不登校です。

話し相手もいない、友人ももちろん居ない場合はそうなりやすいのはもちろんです。

不登校になれば教師の無能さも原因の一つで、責任があります。

そういう生徒は、かわいそうに退学へとまっしぐらです。

担任の教師は学校に来なくなった生徒をそのままほっておくわけにはいけません。

家庭訪問をして説得です。

「将来、社会に出たときには、もっとひどい上役、同僚や客を相手にすることになるよ。学校で受ける嫌な体験ははるかにまだましな方だよ。イジメも勉強のうちだと思って、もう少しがんばってくれないか」

と話をするのですが、説得に成功できることは先ずありません。

当然です。他人が苦しんでいる原因を聞かず、将来のためと言われて聞き入れるはずがありません。教師の世間知らずの現れでしょうか。

環境を考えてあげる。つまり、徹底的にイジメ張本人を懲らしめる。クラスを変える。場合によっては学校を変えてあげなければ不登校の解消に繋がらないでしょう。

私の成功例は、不登校の生徒の仲の良い友人に家まで行ってもらって、

「もっと一緒に学校で遊ぼうよ（勉強しようよ、でありません）」

と話してくれて、学校での楽しかったことを思い出させてくれた。

そのケースだけですね。

二十五、不登校（二）

不登校の原因として、前回は生徒からのイジメを取り上げましたが、実際にもっと多いのは教師が原因の場合だそうです。

恥ずかしながら長い間、それほど多いものだとは私は知りませんでした。正確を記すため専門家の意見を引用してみましょう。

斉藤環著「中高年ひきこもり」よりの抜粋です。

ＮＨＫが実施した不登校の当事者への電話インタビューでは、その不登校の二大要因が明になりました。「友人関係」と「教師との関係」です。「友人関係」はイジメを含んでいることは言うまでもないでしょう。「教師との関係」も、単に「関係がうまくいかない」と言う話ではありません。その多くが教師によるパワハラやセクハラなどの「ハラスメント」です。

＊＊＊＊＊

教師による「指導という名のハラスメント」が学校で日常的に横行していることはあまり知られていません。

＊＊＊＊＊

言葉によるハラスメントはむしろ増えている印象もあります。なかには、自分のクラスの生徒たちに同調して、イジメに加担する教師もいる。教室では、信じられないほどひどい言葉が教師から子どもにぶつけられており、それが原因で不登校になるケースは多いのです。

＊＊＊＊＊

ところが学校はイジメの実態をできるだけ隠そうとしますし、教師によるハラスメントの存在はそれ以上に認めようとしません。表向きは「どの先生も熱心に指導しています」ということになっているので、ハラスメント防止策がなされることもなく、不登校の原因は一向になくならないのです。

ここに書かれているような教師から生徒への暴言は私も教師時代何度も目撃しております。

「教師の暴言。僕の言葉は問題と成るものじゃないだろう。普通のものだろう」

と勝手に判断、結論を出し、全くハラスメントをしている自覚がありません。

私もハラスメントと意識せず、やっていたかも知れません。多分していたでしょう。

そして、職員会議はもちろん、教師間の私的な会話の場でも教師のハラスメントの存在を認める話は一切ありませんでした。

しかし、生徒に対しては、教師の都合の良いような生徒になることを強要し、その指示に従わない生徒には荒い言葉、暴言をついていました。

私は粗暴なほうでしょうが、その私より以上に粗暴な教師は確かにいましたね、もちろん。暴言の域に入る言葉に不足しませんでした。

斉藤先生のお説ごもっともで、確かに部分的におっしゃるとおりなのですが、工業高校は工業高校の良さがあり、不登校を少なくしている要素もあります。それを述べておきたいと思います。

1，一クラスの生徒数が普通高校より少ない。従って、生徒の態度のおかしさを、悩んでいる様子を教師は見つけやすい。

2，実習があり、一クラスが班に分かれ、つまり、さらに少人数のグループになる。教師一人に対して一桁の生徒の人数になる。従って、教師と生徒の親密さがましている。また、少人数の班では同じ作業、共同作業をして友人が出来やすい。悩みやストレスを話しやすいので、不登校防止に役立つ。

3，実習で作品を作ることは成功の喜びを得やすいし、熱中しやすい。体も動かせる、このことは気分転換ができやすい。

4，技術を教えてもらうことは、教師は生徒と師弟関が成立しやすいし、友好関係が成立しやすい。その親密さが暴言の弊害が薄められる。

そもそも、不登校は小学校・中学校から始まっており、高校に入学頃には不登校の生徒はすでに不登校の状態に成っており、工業高校の入学者の中には該当者はかなり少なくなっています。

このような要素があることも知っていただきたいと思います。

しかし、不登校はニート（ＮＥＥＴ）につながり、さらに引きこもりに繋がるという。だから、その不登校者の生涯の問題、深刻な問題となり得ますので、不登校の生徒が出現すれば素早く、原因を調べ対処しなければなりません。

また、教師の暴言が原因の場合、担任がその加害者かも知れないという疑いを持つことも大切です。担任が加害者の場合、担任の家庭訪問は問題解決をより難しくし、加害者の言い訳の場を与えているだけかも知れません。

学校での不登校者を対応する機会ができたとき、カウンセラーが一番適任ですが、学校に必ずしも常駐していません。だから、教師の対応となります。しかしカウンセラーに一番必要なのは該当の生徒の話を聞くことです。教師はこれが一番の苦手です。日頃の説教癖がすぐでてきます。カウンセラーの日頃からの教師の学習が是非とも必要です。

二十六、実業高校からの進学

実業高校であっても全員が就職するわけではありません。大学や専門学校に進学希望する人もいます。同じような系統の学校、例えば工業高校であれば単科の工業大学のような学校の推薦入学試験を利用する合理的な方法もありますが、少数の人しか該当しません。

大学の一般入学試験を受けるとなると、果たしてどうなるか不安です。

それで、業者の模擬実力テストを受けて大学入学の可能性を判断してもらいます。

大抵はその可能性の低さに愕然とします。入学するためのテストの偏差値が低すぎます。

「これだけ、自分はバカだったか。もうだめだ」

しかし、悲観して諦めることもありません。

言うまでもなく、受験は一種の特殊技術です。それに熟練した普通高校の生徒の方が断然有利です。それも、普通高校の生徒たちは早い段階から受験勉強に専念しているのですから、実業高校生と差ができるのは当たり前のはなしです。

ですが、能力に差があるわけではありません。勉強蓄積量に差を付けられているだけです。その差をなんとか埋めれば良いだけの話です。

そうは言っても、普通のことをするだけでは追いつけません。捨てるものは捨てて、時間をひねり出してこなければいけません。好きな遊び、ゲーム、ＳＮＳ、スマホ、パソコンでのサーフィン、テレビは最小限度は当たり前です。だらけた時間もなしです。妄想を誘発するものは厳禁です。勉強に対する最大の不適切物です。オナニーも控えめです。それもさっと済ますべきです。

「そんなこと全て無理や」

と思う人は、そこそこで妥協して、そこそこの勉強に似合った大学に入学いたしましょう。高望みは悲劇になることが少なからずあります。

実業高校を卒業後、就職し、いろんな意味で学歴の差を痛感して、大学で勉学したいと希望する方は当然出てきます。ある人は勤務を続けながら、別の方は退職し退路を断って、大学受験に挑みます。

私の場合、三年半、会社員として働き、その後、半年間予備校で勉強し、大学入学を果たした経歴をもっています。同級生にも一浪や二浪で数名が国公立大学に入学した例となるものがあります。国公立大学入学、そんなの無理と言うもでは決してありません。


とにかく、受験勉強に本腰をいれます。ですが、勉強のブランクがあるため、最初は受験勉強に要領を得ません。

例えば、国語の文章の解釈の設問で、建前どおり解答すれば良いものを、社会の常識をみてきていますから
「それはないでしょう」

と、深読みして誤答したり、時間を取り過ぎたりすることなどはその一例です。

暗記も重荷です。特に単純なものは苦手です。それでも、慣れてくれば、こじつけなどの工夫を考えだし、クリア出来るものです。

とにかく、動機が動機ですから勉学意欲は旺盛、熱心ですので、極端な飛躍はなく

とも着実に受験実力を上げ、目的を達成する方が多いようです。

高校を卒業した時点で人生が決まるとは、決して思わないように。

人生、いろいろです。

ドイツは卒業時にアビツーア、フランスでは卒業時にフランス・バカロレアという全国一律の一斉試験を実施します。受験者はその点数によって大学入学が決定されます。その点数は一生影響します。しかも再受験はできません。その試験で人生が決まると言ってもおおげさではありません。

それに比べて、日本ではセンター試験を毎年受けることが出来、卒業後の進路変更を可能としています。それを利用しない手はないでしょう。


それでも、大学を遅れて入学して、皆について行けるか、と心配される方がおられるかも知れません。でも心配することは全くありません。

私が二番目に入学したのは、国立の医学部でした。同級生の出身校は関西地区では有名進学校ばかりでした（その名簿には異色のわたしの工業高校名あり）。どんな優秀な人たちだろうか。恐れをなして眺めていました。

ところがですね、入学してから、この学生には、とてもじゃないが太刀打ちできないと思わさせられた人はそんなに多くありません。むしろ入学後には、

「アホがまた欠点取りよった」

と、バカにされている同級生が少なくありませんでした。どんなに優秀な学生でも勉強しなくなったらおしまいだ、という例でしょうね。

私など、落ちこぼれにおびえて必死に勉強をつづけてきたので、何とか落第をまぬがれました。

その低空飛行している私から見ても、こいつは要領かましている奴なのが丸わかりです。

「あれいつの間に居たんだ」しばらくして「あれもう消えた」

出席を取る時刻に、疾風のように現れて、出席を取り終わるや、疾風のように去って行く、本当に月光仮面（ふるすぎます）のような奴等でした。

ということで、入学時120人だった同級生のうち、六年間で卒業し、医師の国家試験を一度で無事合格できたのは90人でした。いろいろ理由があるでしょうが、30人が、つまり二割五分の学生が落ちこぼれました。

やっぱり、勉強は続けていないとダメです。過去の栄光だけではどうしようもありません。

あとがき

最後まで読んでいただいてありがとうございます。

感謝、感謝しかありません。


新型コロナ感染症騒ぎで、暇になった。

ホーム・ステイを強いられてもすることがない。本でも書くか、と言う気になったのは自然の流れでした。

今まで書いてきた堅い、堅すぎる本はだめです。気楽に読んでくれて、後に何も残らないものが良いでしょう。

と言うことで、私の卒業した工業高校、教師をしていた工業高校時代のことを書いてみようと思って書き出しました。

最初は、事実であるが、冗談のような、エピソードで快調に書き進めたのですが、後半には重いテーマを書かざるを得なくなって、スピードダウン。溺れかけの泳者状態になってしまいました。特に教師のハラスメントの件を書こうにも、私の経験・感覚はあまりに遅れており、そのまま書けば、読まれた方が現実を見誤ることになっては大変申し訳ないことになります。それで、その道の専門家の著作、斉藤環著「中高年ひきこもり」より抜粋させていただきました。そのこともあり、読みにくくなったと思います。すいません。

それでも何とか書き上げました。

本を読まれて、少し気が晴れた。高校生時代を思い出した。元気が出た等と思って下されば幸せです。

本を書くに当たって協力してくれた同級生の皆には感謝しています。ありがとう。

それと、すでに鬼籍に入った五名の同級生、それに担任だった先生にこの本を捧げます。ご迷惑かも知れませんが。

２０２０年６月吉日

■ 著者紹介

福 永 宣 道（ふくなが　のぶみち）

1943年12月16日生
大阪府立工業高校卒
愛媛大学工学部卒業
大阪府立工業高校勤務
大阪府立普通高校勤務
徳島大学医学部卒業
内科医として各地で診療
早稲田大学文学部独語・独文学科大学院
修士課程修了
内科医として現在、勤務医

著作「中国から孤児を養子に迎えて」
「学級崩壊に医学のメスを」
「自分死」
「フリードリヒ・ニーチェ『人類は滅びるかも知れない』」

工業高校バンザイ

発行日　2020年6月吉日

著　者　福 永 宣 道
発行所　一 粒 書 房
〒475-0837 愛知県半田市有楽町 7-148-1
TEL(0569)21-2130

編集・印刷・製本　有限会社一粒社

Printed in Japan
落丁・乱丁はお取替えいたします
ISBN978-4-86431-905-8 C0037